감성의 힘으로 세상과 소통하라

마음 Touch!
감성소통

마음 Touch!
감성소통

초판 1쇄 발행 2018년 4월 14일

지 은 이 박신덕
발 행 인 권선복
편   집 천훈민
디 자 인 김소영
켈리그라퍼 강진아
전 자 책 천훈민
마 케 팅 권보송
발 행 처 도서출판 행복에너지
출판등록 제315-2011-000035호
주   소 (157-010) 서울특별시 강서구 화곡로 232
전   화 0505-613-6133
팩   스 0303-0799-1560
홈페이지 www.happybook.or.kr
이 메 일 ksbdata@daum.net

값 15,000원

ISBN 979-11-5602-601-3 (03190)

도서출판 행복에너지는 독자 여러분의 아이디어와 원고 투고를 기다립니다. 책으로 만들기를 원하는 콘텐츠가 있으신 분은 이메일이나 홈페이지를 통해 간단한 기획서와 기획의도, 연락처 등을 보내주십시오. 행복에너지의 문은 언제나 활짝 열려 있습니다.

감성의 힘으로 세상과 소통하라

마음 Touch!
감성소통

박신덕 지음

도서
출판 행복에너지

복되는 말로
씨를 뿌려라

100세 시대 어떻게 소통할까! 나는 왜 만족하는 소통을 하지 못할까! 부와 명예가 있어도 인격적으로 올바르지 않으면 사람 관계가 좋지 않고 존경받지도 못하는 세상이다. 그 인격은 그 사람이 사용하는 말씨와 대화. 소통에서 알 수 있다.

평생을 살면서 우리는 수많은 사람들을 만나고 그 사람들과 원하든 원치 않든 대화를 하면서 살아간다. 그 대화는 생각처럼 쉽지 않으며 서로에게 상처 주기도 하고 상처 받기도 한다. 누구의 마음도 다치지 않고 서로에게 만족감을 주는 행복한 소통은 무엇일까? 바로 상대의 마음을 알아주고, 만져 주고, 머물러 주고, 공감하는 마음 터치다. 소통을 잘하기 위해서는 먼저 내 마음, 내 감정을 들여다봐야 한다.

복되는 말로 씨를 뿌리면 복되는 말의 열매가 열린다. 복의 사전적 의미는 '생활에서 누리게 되는 큰 행운과 오붓한 행복, 또는 거기에서 얻는 기쁨과 즐거움'이라고 한다.

요즘 TV 개그콘서트의 '복을 부르는 코너'에서 "복복" 하고 복을 부른다. 복에 대한 간절함과 향수가 있다. 복이라는 의미 하나에 인간이 살아가면서 원하는 삶이 다 녹아 있다.

소통은 먼저 자신이 마음을 열고 다가가야 된다. 소통을 잘하기 위한 가장 쉬운 방법이 있다. 상대방에게 가는 말부터 달라야 된다. 내가 하는 말부터 복되는 말로 씨를 뿌리면 된다. 자신의 기를 살리고 상대의 기를 살리는 말. 위로하고 공감하는 말, 인정하는 말, 감사의 말, 진심이 느껴지는 친절한 말, 희망의 말, 격려의 말, 따뜻한 사랑의 말을 전하는 것이 바로 '마음 터치 감성 소통'의 핵심이다.

1장에서는 나 자신을 위로하고 자신과 먼저 소통하는 감정과, 마음의 근육을 키우는 것에 관한 이야기를 했다.

2장에서는 칭찬하기 힘든 가족들에게 어떤 말로 소통해야 되고 어떤 칭찬을 해야 되는지를, 부부는 어떤 말들로 서로에게 힘이 되게 하는지를 썼다.

3장에서는 직장에서, 그리고 사회에서 비즈니스 소통을 잘하기 위한 방법과 실제 이야기로 매력적인 소통 방법을 다루었다.

4장에서는 봉사활동으로 행복한 삶과 나눔 실천의 실제 이야기를 감사하게 어필했다.

여고에서 학생을 가르친 경험과 아이 셋을 키운 엄마의 마음으로 부족하고 쑥스럽게 글을 썼다. 또한 15년 회사 생활의 시행착오와 힘든 경험들을 반성하는 마음으로 바라보며 펼쳐 보았다, 사랑 나눔 아이들, 500여 명의 후원자들과 함께한 봉사활동 12년을 생생하게 써 보기 위해 밤잠을 설치고 눈에 실핏줄이 터져가면서도 한 자 한 자 진솔하게 책을 썼다.

책을 쓰면서 다른 사람의 지식과 지혜, 경험과 철학을 책으로 읽을 수 있는 편리함이 얼마나 행복하고 감사한지 깊이 깨닫는 시간이었다. 끝으로 한국HD 행복 연구소에서 감정코칭을 전파하고 교육하시는 조벽 교수님과 최성애 박사님께 한없는 감사를 전하고 싶다. 한 분 독자에게라도 도움이 되는 책이 될 수 있다는 설렘, 기쁨, 기대를 가져 본다. 책 쓰는 내내 옆에서 기운을 주며 칭찬을 아끼지 않은 남편과 쌍둥이 딸에게 고맙다. 휴가를 와서 멋진 엄마라고 칭찬해 주는 아들도 믿음직스럽고 고맙다.

나는 사람들이 누구의 마음도 다치지 않고 서로에게 편안함을 주는 마음 소통으로 외로운 사람들이 적어지는 세상이 되기를 바란다. 내가 듣고 싶은 말을 상대에게도 해 줄 수 있는 사랑의 대화로 세상이 좀 더 따뜻해졌으면 좋겠다. 서로에게 복되는 말로 씨 뿌리는 마음으로 소통하는 대한민국이 되었으면 좋겠다.

목차

Part 3

존중하고 존중받는
관계 소통

Part 4

채워지는
나눔 소통

마음 Touch!
감성소통

Part 1

내면의
마음
소통

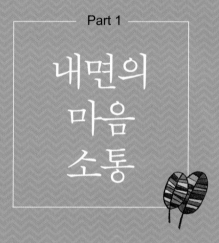

최고의
작품

질그릇을 만드는 진흙들이 있었다. 그 진흙들은 자신이 멋지고 아름다운 모양으로 만들어져 왕실이나 귀족의 그릇이 되기를 간절히 원했다. 어느 날 질그릇을 만드는 질그릇장이는 진흙을 가지고 그릇을 만들기 시작했다. 그런데 그 질그릇은 예쁘고 아름다운 질그릇이 아니었다. 입구는 유난히 넓고 손잡이는 이상하게 옆으로 벌어진 볼품없는 질그릇이었다. 그 질그릇은 너무 속이 상해 나를 왜 이렇게 만들었냐며 울면서 애통해했다.

그 주위에 있는 진흙들도 그 질그릇 모양이 웃긴다며 비웃었다. 질그릇장이는 이 질그릇을 가지고 시골 가난한 농부에게 갔다. 농부에게 정성스럽게 만들었다며 질그릇을 건네주었다. 농부는 그 질그릇을 앞에 놓고 감사해하며 눈물을 흘렸다.

농부는 손이 없는 사람이었다. 유난히 큰 손잡이는 농부에게 없어서는 안 될 손잡이였다. 한참을 울다가 농부는 팔로 질그릇을 감싸 안고 말했다.

"질그릇아, 너는 이 세상에서 나에게 가장 소중하고 가장 아름다운 질그릇이야. 고맙다! 너는 정말 최고의 작품이구나!"

수녀님이 들려주신 동화 이야기다. 이 질그릇 이야기는 나에게 큰 감동이었다. 살면서 누구나 가끔은 자기 자신이 맘에 들지 않을 때가 있다. 내 외모가, 내 성격이, 내가 하는 말이, 내 환경이 맘에 들지 않고 조금만 더 좋았으면, 조금만 더 멋졌으면… 이런 생각을 하게 된다. 나도 그런 적이 있었다. 현실과 상황을 받아들이지 않을수록 계속 내 마음은 더 불편해지고 행복하지 않았다. 그때는 내가 최고의 작품임을 몰랐기 때문이다.

요즘 금수저, 은수저, 흙수저란 말이 떠돌고 있다. 결국은 부모 탓이고 환경 탓이라는 것이다. 제대로 사용할 줄 모르는 금수저, 소중함을 모르는 금수저는 행복하지 않고 의미 있는 삶도 아니다. 내가 가지고 있는 외모나 환경보다 내가 어떻게 쓰이고, 사람들에게 도움이 되는 쓸모 있는 사람인지가 더욱 중요하다.

우리는 이미 최고의 작품이다. 그 작품의 진가를 당신 스스로 알아차려야 한다. 최고의 작품은 언제나 자기 자신이다. 자신의

외모를, 자신의 환경을 긍정적으로 받아들여야 한다. 누군가에게
는 당신이 없어서는 안 될 최고의 소중한 작품이니까 말이다.

최근 아마존 닷컴의 베스트셀러가 된 책이 있다. 『힐빌리의 노
래』이다. 일부 백인들의 최하의 삶을 그렸다. 그들을 '레드 넥' 또
는 '화이트 트레쉬'라고도 말한다. 예일대 로스쿨을 졸업하고 실
리콘 밸리의 32살 유망한 젊은 사업가가 된 저자 J.D 벤스의 실
화 이야기다. 그는 양육권을 포기한 생물학적 아버지와 약물 중
독과 다혈질의 어머니, 혼란스러운 여섯 명의 아버지 후보가 있
는 참담한 환경에서 자랐다.

우울과 불안, 가난과 소외 속에서도 누구도 탓하지 않았다. 꿋
꿋하게 꿈을 이루었다. 그는 부모나 환경 탓을 하지 않았다. 그는
정확한 목표 의식이 있었고 자신이 최고의 작품임을 알고 노력한
것이다. 결국 환경이 아니라 자신에게 이유가 있다는 말이다.

당신은 당신 스스로가 얼마나 멋지고 강하고 아름다운 소중한
존재인지 짐작도 하지 못할 것이다. 당신 안에는 언제나 자리 잡
고 있는 반짝반짝 빛나는 보석이 있다. 이제 그 보석을 발견하고
가치를 알고 노력하면 된다.

당신은 이미 특별한 최고의 작품이다. 가끔은 자신이 최고의
작품인지 잘 모를 때가 있다. 그럴 때는 방법이 하나 있다. 감사

일기를 써보자. 별로 감사할 게 없다고 생각하는 사람도 있을 것이다.

그러나 잘 생각해 보아라. 건강한 몸이 있어 움직일 수 있는 것. 일할 수 있는 것. 누군가에게는 없는 소중한 가족이 있는 것. 살아 있는 것. 이웃이 있는 것. 바라볼 수 있는 것. 대화할 수 있는 것, 찾아보면 감사할 게 너무 많은 인생이다.

일이 힘들고 사람이 원망스러울 때 나는 감사 일기를 6개월 써보았다. 이상할 정도로 기분과 생각이 달라지며 힘들었던 사람과 자연스럽게 소통이 되었다.

그리고 그런 불편한 생각이 얼마나 하찮은 일이고 소모적인 일인지를 알게 되었다. 감사할 게 참 많은 인생이다. 당신이 이 세상 최고의 작품임을 생각하고 감사하고 감사하자!

외로운
완벽주의

오늘날 사람들 사이에 불만과 불편 중 하나는 물건이나, 돈, 육체적인 안락의 부족함보다는 마음을 털어 놓을 진정성 있는 대화 상대가 부족하거나 통하지 못한다는 것이다. SNS의 발달로 빠르고 편리함도 많지만 눈을 쳐다보고 마음을 전하는 소통이 점점 어려워지는 것이 현실이다.

젊은이들은 유난히 SNS에 집착하고 40~50대 중년의 아버지는 마치 TV와 결혼한 사람처럼 살고 있다. TV가 웃기면 웃고 TV가 울면 속상해하고 있다. 아내의 얼굴, 자녀의 얼굴을 보고 웃지 않고 그 얼굴을 보며 울지 않는다. 그러면서 가족의 대화는 점점 줄어든다.

각자의 방에서, 거실에서 혼자 웃고 혼자 고민하고 있다. 혼자서 자기 성취감을 느끼면서 좋아하기도 하고 외로워하기도 한다. 외롭기 때문에 SNS 대화에 더 집착하고 몰입한다.

그렇지만 가족들과 대화를 원하지 않는 것은 아니다. 자신의 기분이 좋아지는 유쾌한 대화, 통하는 대화가 이루어지지 않기 때문에 부모와 대화하는 걸 좋아하지 않는다. 통하지 않는다는 것은 자신을 이해하지 못한다고 생각하기 때문이다.

진정으로 가족과 대화를 원하고 상대와 소통이 잘되기를 원한다면 말하는 법, 즉 말투를 조심하고 신중히해야 한다. 왜냐하면 더 가까워지려고 하는 말이 더 멀어지고, 마음을 닫게 하기 때문이다.

말을 조절해야 한다. 말은 우리의 감정과 연결되어 있고 각자의 선입견과 편견이 있기 때문이다. 내가 사용하는 말이 상대의 가치관과 행동까지 영향을 준다. 말이 의사소통의 주된 수단이지만 이 수단이 잘못 전해지면 외톨이가 될 수 있다.

인간은 원래 외로운 존재이고 고독한 존재라고 하지만 지금까지 완벽하게 일을 해서 만족했던 일이 있었는가? 완벽하게 행복한 날들이 있었는가? 완벽하게 사람관계가 좋았던 날이 있었는가? 대답은 '완벽하게'라는 단어를 빼야 맞다.

완벽하게 성취하지 않아도 되고 꼭 목표를 이루지 않아도 된다. 노력하는 과정에서 이미 우리는 많은 것을 느끼고 배우기 때문이다. 완벽은 신의 영역이다. 일이든 소통이든 당신이 혼자서는 완벽하게 할 수 없다.

사람관계는 대화와 소통으로 이루어진다. 소통에서 빼놓을 수 없는 연구 중 하나는 앨버트 메리비언의 메리비언 법칙이다.

사람들이 일반적인 대화에서 중요하다고 생각되는 말은 커뮤니케이션에서 7%밖에 차지하지 않는다고 한다. 나머지 93% 중 38%는 목소리이고 나머지 55%는 몸짓이라는 것이다. 상대방 표정, 눈빛, 행동의 비언어적 요소가 얼마나 중요한지를 말해주는 것이다. 말을 못한다고 걱정할 필요가 없다는 것이다. 즉 내용보다 말하는 사람의 태도와 표정이 대화의 대부분을 지배한다는 연구 결과이다.

누구든 자신의 말을 내용만 전하려 할 때는 소통할 수 없다. 상대가 너무 힘들 때는 아무것도 묻지 않고 조용히 옆에 있어 주는 것도 위로이고 소통이다. 완벽하게 말하지 못해도 표정과 마음으로 말하려 한다면 누구와도 따뜻한 마음 소통을 할 수 있다.

완벽하게 소통하려 할수록 당신은 외로워진다. 외로운 완벽주의보다 조금 부족하지만 마음이 통하는 대화를 하는 당신이 더욱 현명하고 지혜롭다.

마음을 전하는 소통을 할 수 있도록 대화에도 꾸준한 연습, 연습이 필요하다. 말의 습관이 당신의 삶이 되기 때문이다. TV광고가 생각난다. "소통은 편해졌는데 사람들은 왜 더 외로워졌을까?" 그것은 마음을 터치하는 소통이 되지 않아서이다. 외로움이 버겁다고 생각하는 사람이라면 자신이 먼저 마음을 여는 소통을 하기 위해 노력해야 한다.

조선일보에서 전현석 기자의 "소통이 어려워 다시 말 배우는 직장인들"이라는 글을 읽은 적이 있다. 직장인들이 회사에서 상사나 동료들과 소통이 어려워서 학원에 다니는 직장인들이 늘고 있다는 이야기다. 왜 그들은 직장에서 서로의 말을 알아듣지 못하고 있는 걸까? 사실 말을 하지 못하고 알아듣지 못하는 것이 아니다. 서로가 자기중심으로 이야기하고 의도를 돌려서 이야기하기 때문이다.

즉 상대를 배려하는 마음을 얻는 소통을 못 한다는 이야기다. 내가 먼저 마음을 열고 상대의 마음을 만져주고 터치해 보자. 상대의 눈높이를 맞춰 보자. 그러면 당신은 외롭지 않고, 소통하고 싶은 사람 1순위가 될 수 있다.

마음의
근육을 키워라

　살아가면서 상대방의 말에 상처가 되어 고민하거나 잠 못 이뤄
본 경험이 없는 사람이 있을까?

　만약 그런 사람이 있다면 존경스럽고 닮고 싶은 부러운 사람이
다. 한 달, 두 달, 1년… 시간이 지나면 별일, 별말이 아닌데도 그
때는 너무 속상하고 큰 고민이 되어 잠을 못 이루고 하얗게 날을
샌 경험이 있을 것이다.

　상대방의 말에 상처 받고, 나와 다른 생각에 흥분하고, 상대방
의 태도에 분노하다 보면 사실 자신이 먼저 흔들리고 아파한다.
힐링이란 단어가 여기저기 회자되면서 얼마나 상처 받고 사는 사
람이 많은가 하는 생각을 했다.

Well-being, Well-aging, 건강, 운동, 요리, 먹거리는 요즘 사람들이 좋아하고 관심을 갖는 것들이다. 특히 건강 같은 경우 사람은 나이가 들수록 몸에 근육이 없어지고 늙기 때문에 더 관심을 갖고 노력하며 살고 있다.

1987년 전북여고에 근무할 때 나는 운전면허를 땄다. 초보운전이라 가만히 서 있는 차를 받으면서 손이 다쳐 깁스를 했다. 의사는 근육이 약해 엄지손가락이 골절되었다고 했다. 한여름 한 달을 고생한 기억이 생생하다. 지금도 무거운 것을 들면 엄지가 시리다. 근육이 약해지면 오래 건강하기 힘들다.

건강한 사람들은 근육이 좋다. 또한 건강한 근육을 만들기 위해 많은 운동을 한다. 몸은 근육이 있어야 약해지는 뼈를 받쳐주기도 하고 근력이 생긴다.
건강하게 살기 위해서는 몸에 근육이 필요하듯 마음에도 근육이 필요하다. 마음의 근육이 무엇일까? 단단한 생각, 단단한 마음이다. 쉽게 흔들리지 않는 기분과 감정이다. 힘듦을 이겨낼 수 있는 역경지수가 높아야 한다는 말이다. 마음의 근육을 갖기 위해 나는 몇 가지 의견을 제안한다.

첫째, 내 감정을 옮기지 마라.
좋은 감정보다 나쁜 감정은 옆에 있는 사람이나 가족에게 쉽게 옮겨진다. 자신이 속상하고 두렵고 불쾌함을 다른 사람에게 말하고 옮기면 그럴수록 더 그 감정에 빠져들게 된다. 그러면서 남에게 의지하는 습관이 된다. 자신만의 감정임을 알아차리고 스스로 인식해야 빨리 벗어날 수 있는 마음의 근육이 생긴다.

둘째, 객관적으로 생각해 본다.

나는 왜? 나만 왜? 하필 나한테 이런 일이? 이렇게 생각할수록 마음은 약해지고 힘들어진다.

누구나 일어날 수 있는 일이고 나한테도 있을 수 있는 일이야! 이쯤이야 문제없어! 시간이 지나면 어차피 잊힐 일이야! 나보다 힘든 사람이 세상엔 더 많아! 하며 긍정적으로 생각하면 새로운 힘이 생긴다.

셋째, 기분보다 fact를 생각한다.

지금까지 해 왔던 고민을 잘 생각해 보면 생각보다 별게 아닌 경우가 많다. 종이와 펜을 놓고 적어보면 알 수 있다. 내 인생에 큰 피해도 아니고, 내 인생을 가로막을 만큼 중요하지도 않다. 확장시키지 말고 사실만 바라보자. 그러면 고민은 작아지고 해결할 수 있는 방법도 찾을 수 있다.

넷째, 잘못된 건 빨리 잊어라.

엎질러진 물, 뱉어버린 말. 지나간 시간은 우리의 힘으로 해결할 수 없는 것들이다. 인간이니까 실수할 수 있고 잘못하는 일도 많다. 어쩔 수 없다면 빨리 잊어버리는 것이 최상의 방법이다. 잘못한 것도 시간이 지나면 좋은 경험이 되고 지혜가 된다.

　김난도 교수의 『아프니까 청춘이다』라는 책이 좋아 청춘이 아닌 내가 세 번을 읽었다. 그중 가장 마음에 남는 것은 "죽도록 힘든 오늘도 누군가에게는 염원이다."라는 글이다. 그렇다! 아프니까 인생이다. 아픈 마음, 힘든 마음이 있어야 마음의 내성이 생긴다. 그 내성은 내 마음을 단단하게 하는 근육을 만들고, 그 마음의 근육은 나를 성숙하게 만들고 성장시킨다. 스스로 마음의 근육을 만들면 건강한 마음으로 흔들리지 않고 타인과 잘 소통하며 행복한 삶을 살 수 있다.

감정을 알면
소통이 쉬워진다

"화가 나고, 분노하고, 억울한 감정은 나쁜 감정이고, 신나고, 기쁘고, 행복한 감정은 좋은 감정일까요?"

감정코칭 강의를 할 때, 사람들에게 하는 질문이다. 대부분 사람들은 "그렇다!"라고 대답한다. 정답은 아니다.

사람에게 감정은 날씨와 같이, 자연스럽게 나타난다. 햇볕이 있는 날은 좋고 흐린 날은 나쁘고, 비가 오면 좋고 눈이 오면 나쁜 게 아니듯이 감정은 날씨와도 같다. 좋은 감정과 나쁜 감정은 없다. 단, 느껴지는 감정 이후에 나타나는 행동에는 좋고 나쁨이 있다. 또는 적절하거나 부적절함이 있다.

화가 나는 것은 당연한 감정이고, 화가 날 수 있다. 하지만 그 화나는 감정으로 남을 폭행하거나 욕을 하거나 물건을 던지거나 하는 행동은 바람직하지 않다.

자신이 잘못된 행동과 폭언을 할 때도 생각해 보자. 그것은 속에 감춰진 감정 때문이다. 화를 내고, 소리를 지르고, 울고 있는 것은, 자신의 마음속에 있는 감정을 알아달라고 하는 표현이고 스스로와 소통하고 있는 것이다. 단 그 소통이 남에게 피해가 되어서는 안 된다.

욱! 하는 감정 때문에 정치 싸움과 폭행이 일어나고 수많은 사건 사고가 일어나고 최악의 경우에는 사람이 목숨까지도 잃었다는 소식을 종종 듣게 된다. 이 모든 것이 순간의 화와 분노를 참지 못해서다. 우리는 본능적으로 자신의 감정을 잘 알고 있다. 즉 자신의 감정을 알아차리고 조금만 조절해도 최악의 관계는 되지 않는다는 이야기이다.

폴 에크만 박사는 연구에서, 인간은 7가지 기본감정(분노, 경멸, 혐오, 기쁨, 흥미, 공포, 슬픔) 표정으로 분류할 수 있다고 했다. 색깔에는 7가지 무지개 색깔만 있는 것이 아니다. 7개 원색의 조합으로 수많은 색깔이 존재하듯이 수많은 감정이 존재한다는 이야기다.

얼굴에는 43개의 표정이 있으며, 컴퓨터가 구분할 수 있는 표정은 20가지가 된다고 한다. 훨씬 더 많은 감정이 표정 이외에 몸동작(보디랭귀지)으로 표현된다고 한다. 우리는 많은 감정을 몸으로 표현하며 살고 있다는 이야기다.

우리가 하는 대부분의 결정이 감정에 따른다는 사실이 놀랍다. 그 사실을 증명하듯 심리학자 데이비드 리버먼은 "우리가 하는 결정의 90%는 감정에 따른 결정이고 그 이후에는 합리화를 위해 논리를 만들어 붙인다."라고 말했다.

감정은 영어로 Emotion이다. 즉, Energy+motion. 감정은 내가 아니고, 내가 움직일 수 있는 에너지이다. 우리는 운전을 할 때, 액셀과 브레이크를 밟는다. 힘차게 앞으로만 갈 수 있는 액셀이 감정이라면, 브레이크는 속도를 조절할 수 있는 이성이라고 생각한다. 감정에 좋고 나쁨은 없고, 그것을 조절하는 내 마음과 행동에 달렸다는 것이다. 즉 마음먹기에 달린 것이다.

자녀가, 배우자가, 사람들이 나에게 화를 내거나 분노하고 울고 있을 때는 '제발 내 감정을 알아 줘!', '내 마음을 읽어 봐!'라는 뜻이다. 감정은 얼굴 표정으로 나타나서 자신의 인상이 된다. 그러므로 감정을 잘 다스릴 줄 알면 편안한 인상이 되는 것이다. 그 편안한 인상은 또한, 사람과의 관계에서 좋은 이미지로 소통이 가능하다.

감정을 잘 다스렸을 때, 배려하고 이해심 있는 말이 나오고 존중하는 대화를 할 수 있다.

감정 조절이 잘 안 되는 사람들을 보면, 화내는 게 습관화되어 있다. 그 습관이 깊어지면 분노조절 장애가 된다. 과거의 상처가 아물지 않고, 좋지 않은 억울한 감정의 찌꺼기가 쌓여 있으면 감정조절이 더 어렵다. 먼저 감정의 찌꺼기를 흘려보내고 없애야 한다.

자신의 감정을 알고 조절만 잘해도, 우리 인생이 달라진다. 감정 조절을 잘하기 위해서는 다음과 같이 하면 된다. 화가 났을 때, 자신의 감정을 알아차리는 것이다.

"내가 지금 화가 나 있구나! 내가 지금 억울하구나! 내가 지금 불안하구나! 내가 지금 몹시 화를 내고 있구나!" 하고 자신에게 말하는 것이다.

나는 감정코칭을 공부할 때, 내 감정을 알고 배울 수 있어 편안하고 행복했다. 사실 직장 생활을 하면서 가정주부 역할을 하려면 마음이 급해지고 화가 날 때가 많은 게 사실이다.

그럴 때마다 나는 내 자신을 한 발치 떼어놓고 바라보는 연습을 했다. "괜찮아! 화가 날 만해. 누구라도 그럴 거야." 하고 스스로 감정을 알아주었다.

다른 사람을 비난이나 질책하고 싶을 때는 내 마음에 억울함과 분노가 없는지 먼저 살펴보며 "그래, 그 일 때문에 내가 억울해서 화가 났어." 하고 스스로 말을 했다.

물론 처음엔 잘 되지 않았지만 시간이 지날수록 쉽게 마음이 가라앉고 편해졌다. 내 감정을 스스로 물어보고 답했기 때문이다. '왜 이렇게 화가 나지? 아~ 그렇구나!' 하고 알아차리면 진정이 되고 감정조절을 하는 데 도움이 되었다

이렇게 하기도 사실은 쉽지 않다. 그래서 감정 조절도 자꾸 연습해야 된다. 자꾸 연습하면 도움이 된다. 화가 날 때는 침을 꿀꺽 삼킨다든지, 먼 산을 본다든지, 눈을 감아보거나, 기도하거나, 심호흡을 함으로써 어느 정도는 조절할 수 있다.

잠자리에 들기 전까지 분노와 화가 가라앉지 않으면, 행복일기를 한 줄이라도 억지로라도 써보자. 분명 효과 있다.

우리는 부모들의 영향으로 어려서부터 감정을 억제하는 생활환경 속에서 자랐다. "하지 마! 안 돼! 틀렸어! 그만해! 참아라!" 그런 말들이 풀어내지 못한 감정 찌꺼기로 남아 있게 된다.

언젠가 감정 폭탄이 일어날 수 있다. 실컷 울고 나면 속이 시원해진다. 이제 찌꺼기는 모두 씻어 내리자. 괜찮다. 화가 날 수도 있고, 눈물 날 수도 있고, 억울하고 외로울 수도 있다. 엄마의 마음으로 내 감정을 내가 알아주고 안아주자. 그러면 편안해지고 마음의 여백이 생긴다. 남는 잉여의 마음, 여유의 마음이 있을 때 상대방을 더 배려할 수 있다.

저 사람은 왜 저렇게 사람들과 소통을 잘할까? 하는 생각이 든다면 그 사람을 유심히 관심을 갖고 바라보아라. 분명 그 사람은 자기의 감정을 잘 조절하고 상대의 감정과 기분을 잘 알아차리는 사람일 것이다. 그 알아차림이 상대의 마음을 터치하는 것이다.

내 감정을 알면 소통이 쉬워진다. 진정한 마음 소통은 내 감정과 상대의 감정을 알려고 노력할 때 가능하다.

자신을
설득할 수 있는가?

사람을 설득하기 위해 진땀을 빼고 노력해 본 경험이 있을 것이다, 하지만 그 결과는 상대를 설득했을 때도 있고 내가 설득당했을 때도 있다. 설득을 했건 설득을 당했건 살다 보면 소소하게 이런 일들이 많다.

세상에는 두 가지 종류의 사람이 있다. 자신을 설득할 수 있는 사람과 자신을 설득할 수 없는 사람이다. 남을 설득하기 위해선 자신 스스로가 먼저 설득되어야 한다. 즉 자신을 설득해 확고한 신념이 있어야 한다는 것이다.

요즘에는 너무 많은 정보와 지식과 지혜, 커뮤니케이션, 스피

치의 달인들이 많다. 거기에 편승이라도 하듯 나 또한 SNS에 집착하며 날마다 정보를 확인하며 살고 있다. 남의 정보와 지식, 지혜를 듣고 알기 위해 뒤처지지 않으려고 열심히 책도 본다.

하지만 그럴수록 마음이 채워지지 않고 공허할 때가 있다. 내 마음을 돌보지 않았기 때문이다. 남을 설득하기 전 나 자신이 먼저 설득되지 않았기 때문이었다.

내가 정말 원하는 일인지, 내가 정말 좋아하는 일이지, 내가 정말 그렇게 말하고 싶었는지, 나에게 한 번이라도 진지하게 질문해 본 적이 없다. 세상 사람들이 그렇게 하니까 나도 그렇게 해야지. 이렇게 살면 좋다고 하니까 나도 그렇게 사는 것이지 뭐… 체념하듯이 내 의지가, 내 신념이 뭔지도 잘 모르고 설득하지도 못했다.

보험회사 15년, 내 생활은 거의 사람을 설득하는 일만 했다고 해도 과언이 아니다. 날마다 직원과 고객을 설득해서 계약을 성사시켜야 하고 직원을 설득해서 일을 잘하게 만들어야 했다.

나는 설득을 좀 더 잘해 보려고 심리학 및 마케팅 교수인 로버트 치알디니의 『설득의 심리학』 책 1, 2권을 정성을 들여 읽었다. 책에는 설득에 대한 다양한 기법들이 있었다.

'사회의 증거의 법칙', 다수의 행동이 선이다. 상호성의 법칙, 호의는 호의를 부른다. 일관성의 법칙, 하나로 통하는 기대치를 만들어라. 호감의 법칙, 끌리는 사람을 따르고 싶은 이유. 희귀성의 법칙, 부족하면 더 간절해진다. 권위의 법칙, 전문가의 의견에 의존하려는 경향." 등 여섯 가지 영향력 있는 법칙은 물론 많은 도움이 되었다. 하지만 왠지 속 시원하거나 개운치가 않았다.

책을 다 읽을 무렵 난 한 가지를 알게 되었다. 남을 설득하기 전에 나 자신을 먼저 설득해야 된다는 사실이었다. 나 아닌 누구도 내 마음을 알 수 없기 때문이다. 내가 느끼는 감정, 생각, 행동 하나 하나가 내가 알고 있는 불편한 나이기 때문이다.

고객을 만나러 갈 때 '이 고객은 거절할 거야! 내가 설득하지 못할 거야! 바쁘다고 시간을 내 주지 않을 거야!'라는 부정적 생각은 자신을 먼저 설득하지 못한 부정적 결과이다. 반대로 '이 고객은 내 의견에 동의할 거야! 유익한 정보라며 고마워할 거야! 나는 고객을 잘 설득할 거야! 계약을 성사시킬 수 있어!' 하며 긍정적인 생각은 자신을 먼저 설득한 결과이고 자신을 설득한 자신과 약속이다.

나 스스로 설득할 수 없다고 생각하는데 어떻게 남을 설득할 수 있겠는가! 내 마음의 부정이 있는 한 어떤 설득도 하기 힘들다. 이제부터는 어떤 일을 시작하기 전, 긍정으로 자신부터 설득시켜 보자.

나를 먼저 설득해야 하는 이유는 일본의 대지진, 로스앤젤레스 총기사건, 쓰나미처럼 세상을 크게 놀라게 하는 마음 아픈 대형 사건보다 지금 칼에 손가락을 베여 피가 철철 나고 있는 내 손을 보는 고통이 더 큰 것과 마찬가지이다. 불편하고 불안한 나를 먼저 보살피고 설득해야 한다. 나를 위로하고, 고마워하고, 내 마음의 이야기를 내가 잘 들어줄 때 남을 설득할 수도 소통할 수도 있다. 남을 설득할 수 있는 사람은 대단한 사람이다. 그러나 자신을 설득할 수 있는 사람은 정말 위대한 사람이다.

감옥에서
벗어나기

감옥이라는 단어를 떠올리면 일단 생각나는 사람들이 많다. 자유와 독립을 외치다 감금된 억울한 사람들, 잘못된 정치를 하여 감금된 정치인들, 살인과 폭력 범죄를 저질러 감금된 사람들, 실제 감옥 안의 사람들은 영화나 드라마에서 본 게 전부이다.

눈이 오는 12월에 청소년들이 있는 교도소에서 학생들에게 식사를 제공하는 봉사활동을 했다. 교도소라기보다는 학교 같은 청소년 보호 관찰소 같았다. 고등학생 또래의 남자아이들이 있는 곳이었다. 아이들의 눈빛이 얼마나 밝고 예쁜지, 내가 가졌던 이전 범죄의 선입견이 죄스럽다는 마음을 갖게 됐다.

그 학생들은 밝은 표정으로 인사를 잘했다. 밥을 더 많이씩 퍼주라고 계속 말하는 것을 보고 스트레스를 밥으로 푸는 것 같아 마음이 아프고 시렸다. 학생들의 표정을 보면서 내 머릿속에는 그 아이들의 마음과 아이의 부모님 마음이 오버랩 되었다. 처음 가 본 청소년 교도소는 깨끗하고 잘 정돈되어 있었다. 속옷 하나까지도 너무 흐트러짐이 없이 군대 이상으로 잘 정돈되어 있어서 나는 이곳이 정말 감옥임을 실감했다.

감옥은 어떤 곳인가? 사방으로 막혀 있고 사생활 통제가 있으며 남들과 자유롭게 소통할 수 없는 곳이다. 그 감옥은 현실에만 있는 것이 아니라 사람들의 마음속에도 있다. 언제부터인지 모르지만 사람들은 크든 작든 대부분 자신의 감옥을 하나라도 가지고 있다. 마음에 들지 않는 사람과의 감옥, 과거에 받았던 상처의 감옥, 말하지 않고 지내는 사람과의 감옥, 스트레스를 심하게 받고 있는 감옥, 언젠가 들었던 상처의 말로 고통을 겪고 있는 감옥 등 수없이 많다.

마음의 감옥은 다른 사람이 아닌 내가 스스로 만든 것이다. 다 과거의 일이고 지나간 상처와 스트레스다. 응어리진 큰 돌을 가슴에 올려놓고 무거워하고 숨 막혀 한다. 그 감옥은 현재의 일도 아니고 미래의 일도 아니다. 굳이 과거의 감옥을 마음에 간직하며 가슴에 무거운 돌을 얹어 놓고 살고 싶은 바보는 없을 것이다.

스스로 옥죄일 필요는 없다. 감옥에서 탈출할 수 있는 키는 오직 자기 자신만이 가지고 있다. 자신의 감옥의 빗장을 담대하게 열어젖히기만 하면 된다. 쉽지 않지만 무거운 가슴의 돌을 그냥 내려놓으면 된다.

누구도 열 수 없고 스스로 열어 마음의 감옥에서 벗어났을 때 더 큰 세상과 소통할 수 있기 때문이다. 분노와 억울함과 속상함을 너무 자주 느끼고 그 마음을 계속 가져갈수록 그 상황에 빠져들어 스스로 더 단단한 감옥을 만드는 것이다.

그 감옥의 빗장을 열어젖히는 키는 있다. 분노를 참고, 억울함을 억누르고 있는 것이 아니다. 내가 분노하고 억울하고 속상해하고 있다는 사실을 알아차리는 것이 먼저이다. 결국 힘든 마음을 스스로 알아주는 것이다. '내가 너무 힘들구나! 내가 지금 너무 외롭구나! 내가 너무 억울하구나!' 하고 스스로 답하는 것이다. 두 번째 키는 다른 일에 몰입해 보는 것이다. 생각으로 하지 말고 행동으로 하면 된다. 몸이 힘들어도 하고 싶은 일에 몰입하면 생각이 달라진다. 자! 이제 답을 찾았으니 자신의 감옥에 갇혀 있지 말고 과감히 뛰쳐나오자. 기적과 같이 신선한 바람과 산소가 온몸으로 들어올 것이다. 그 신선함과 자유로움은 기대 이상으로 편해질 것이다. 행복이 될 것이다.

자유로운 영혼은 스스로가 만드는 것이다. 진정한 자유를 느끼는 내 삶이 시작될 것이다. 감옥에서 벗어나야 즐길 수 있는 인생도 살 수 있다. 스스로에게 감옥을 만들지 말자. 감옥에서 벗어나 자유로울 때 우리는 진정한 마음 소통을 할 수 있고 꿈을 향해 도전할 수 있다.

네 탓이 아니라
내 탓이다

"생각과 말과 행위로 죄를 많이 지었으며 자주 의무를 소홀히 하였나이다. 제 탓이요. 제 탓이요. 저의 큰 탓이옵니다!"

이것은 천주교에서 미사 때마다 하는 기도이다. 사람은 숨을 쉬고 있는 한 생각으로라도 죄를 짓는다고 한다. 살면서 인간관계에서 일이 잘 안 풀렸을 때, 화가 나고 짜증이 날 때, 나에게 누군가 손해를 끼쳤을 때 누구든지 남의 탓을 하게 된다.

그 모든 기분 좋지 않은 일상을 내 탓으로 돌리고 살기는 쉽지 않다. 지신도 모르게 남의 탓을 하기도 한다. 그래서 회개하는 마음으로 이러한 기도를 하는 것이 아닌가 싶다.

오래전 우리 부부는 친한 지인의 보증을 서 줘서 큰돈을 은행에 지불해 준 적이 있다. 그 스트레스는 말로 다 하기 힘들 정도였다. 나는 탈모가 시작되었고 7년이라는 세월 동안 가발을 써야했다. 여자의 머리는 거의 얼굴과 같은 의미이다. 회사에 다닐 때도 5년 동안은 가발을 쓰고 다니며 일을 했다.

　　그때 받은 상처와 스트레스는 어떤 것으로도 표현할 수조차 없이 나를 힘들게 했다. 그 몇 억의 돈은 물질과 마음을 다 허탕하게 했고, 사람에 대한 신뢰도 한꺼번에 무너지는 일이었다.

　　우리 부부는 TV에서 보증이라는 단어만 들어도 심장이 뛰며 스트레스를 받아 채널을 빨리 돌리곤 했다. 처음엔 돈을 떼먹은 사람을 원망하고 원망하며… 그 돈이 어떤 돈인데… 우리가 얼마나 성실하게 일해 모은 돈인데… 하며 거의 잠도 못 자고 원망만 했다.

　　만약 그때 신앙생활을 하지 않고 잊기 위해 기도할 수 없었다면, 우리 부부는 큰 화병을 얻었을 것이다. 시간이 약이었다. 하루하루, 1년, 2년, 시간이 지나면서 원통하고 분한 감정이 조금씩 사그라들었다.

　　남의 탓을 할수록 내 마음이 불편하고 힘이 들어 견딜 수 없었다. 내 속상함을 알아주는 사람은 가족도 친척도 아니었다. 철저히 내 몫이고 내 고통이었다. 그렇다고 그 돈을 한 푼이라도 받을 상황도 아니었다.

'내려놓자! 비우자! 빨리 포기해 버리자! 이만한 게 다행이다! 하느님이 더 겸손하게 살라고 우리한테 큰 십자가를 주셨구나! 오만가지 생각을 하며 내 탓이요. 내 탓이요.'를 되새기며 수없이 가슴 치며 기도했다.

스님이 하신 말씀이 생각이 난다. "남에게 숯불을 던지기 전에 내 손이 먼저 탄다." 정말 그랬다. 나를 위해서라도 빨리 용서해야 했다. 그래야 내가 살 수 있었다.

머릿속에선 '이 돈이면, 이 돈이면 할 수 있는 것들, 이 돈이면 우리 아이들 유학도 보낼 수 있는 돈인데, 이 돈이면 더 좋은 것을 살 수 있었을 텐데…….' 그렇게 생각할수록 더 깊은 화가 되고 상처가 되어 머리는 자꾸 빠졌다. 그럴수록 나는 머리에 너무 아픈 주사를 몇십 대 맞으며 눈물을 흘려야 했고 탈모는 심해졌다. '그 돈은 내 돈이 아니야. 그 돈은 우리 것이 아니야. 잊어버리자. 생각하지 말자.' 의사는 강한 충격과 스트레스 때문이라고 했다. 마음으로는 잊자고 용서하자고 애를 쓰면서 진짜 내려놓고 비우지 못한 내 탓이었다.

살아가면서 누구나 억울함에 대해 남의 탓을 해 본 경험이 있을 것이다. 남의 탓을 하면 할수록 내 마음이 힘들다는 걸 알아야 한다. 거룩한 성인이 아니더라도 내 탓으로 모든 걸 돌릴 수 있다.

혹여 지금 누군가가 원망스럽고 누군가와 말을 하지 않고 있다면, 모든 것을 내 탓으로 돌려 생각해보자. 그 결과는 놀랍다. 진심으로 마음이 편해지기 때문이다. 잘못한 게 있으면 빨리 용서해줘야 마음의 평화가 온다. 잘못한 사람이 용서를 비는 게 아니라 조금 더 성숙한 사람이 먼저 용서를 빌면 된다.

"분노를 품고 사는 것은 마음의 독을 품고 사는 것과 마찬가지다."라고 틱낫한 스님은 말했다. 분노는 우리를 짓누르는 짐일 뿐이다. 그것을 내 탓으로 돌리고 빨리 흘려보내야 한다. 분노는 나를 보살펴 달라고 간절히 바라는 자신의 아기이다. 아기는 성장해야 한다.

나이가 들면서 나는 나이 듦이 무척 좋아진다. 감사하다. 아니, 편안해진다는 표현이 옳을 것이다. 나는 그랬다. 10대, 20대에는 친구가 더 좋고 혼자만의 생활을 보호받고 싶어 했다. 또는 좋아하는 것과 싫어하는 것의 호불호가 나름 강하게 있었다.

30대는 내 아이들을 잘 키워 보려고 학교를 쫓아다니느라 정신이 없었다. 40대는 일에 대한 열정으로 회사 생활에 적응하느라 치열하게 열심히 살았다. 그때는 돈에 대한 욕심, 자식 교육에 대한 욕심, 성공에 대한 욕심이 가장 많을 때였다.

앞으로 남은 50대와 60대, 70대, 그 이후에는 몸의 에너지보다 정신적 에너지가 더 강한 때이다. 세상을 바라보는 눈이 더 열리고, 더 깊게 보일 것이다. 가족 사랑의 소중함의 의미를 알며 모든 걸 받아들이는 폭이 넓어질 것이다. 어른이 된다는 것은 세상과 더 편해지는 것이다.

　세대마다 생각과 욕구가 다르다. 부모와 자녀, 나와 타인의 소통이 완벽하기는 힘들다는 것이다. 말로 마음을 표현하지 못하는 사람도 많다. 특히 사람을 평가하는 말을 자제해야 한다. 되도록 나쁜 단어를 쓰지 말아야 한다. 물건에도 내 것, 네 것, 공동의 것이 있듯이 말도 잘 구분해야 한다. 매일 잠자기 전 모든 것을 내 탓으로 돌리고 잠을 청해 보자. 세상에서 가장 평화로운 잠을 잘 수 있다. 분노가 마음에 있을 때는 사람과의 좋은 소통이 어렵다. 마음 편하고 행복한 소통을 하고 싶다면 남의 탓을 하지 말아야 한다.

Why?

전북여고에서 고3 아이들을 가르치다 학교를 그만두었다. 결혼을 해 여자 쌍둥이와 아들을 낳고 아이 셋을 키우다 보니 정신없이 시간이 흘렀다. 나는 바쁜 와중에도 순간순간 갑자기 마음이 허허할 때가 많았다. 아니, 무언가 배우고 싶은 마음이 간절했다.

용기를 내어 집 근처에 있는 영어 학원에 등록했고 오전에 아이들이 유치원과 어린이집에 간 사이에 영어 회화를 배우기로 마음먹었다.

한 번도 제대로 말해 본 적이 없는 영어공부 시간이었는데, 뉴질랜드 여선생님의 예쁜 표정과 좋은 발음에 반해 시간을 때웠다.

한 달쯤 지났을 때 깜짝 놀랄 일이 벌어졌다. 별로 친해지지도 않았는데 뉴질랜드 '이사벨' 영어 선생님이 우리 집으로 찾아왔다. 그 선생님은 갑자기 의자에 앉아 엉엉 울기 시작했다. 나는 영문을 몰라서 한국말로 "왜 그래요, 무슨 일이에요?" 하면서 허둥대며 티슈를 건넸고 손을 잡아주었다. 당황한 내가 한 영어라고는 "Why, Why!"뿐이었다.

정말 그때를 생각하면 지금도 얼굴이 빨개진다. 한참을 울고 진정이 되었을 때, 나는 정확히 듣지 못했지만 학원 원장이 갑자기 자기를 그만두라고 했다는 뜻으로 알아들었다. 보디랭귀지의 힘은 대단했다. 들으려고 하니 조금씩 들리는 것이 희한했다.

자기는 뉴질랜드에 갈 수 없고, 3년 계획을 하고 돈도 벌고 경험도 쌓으러 한국에 왔다고 말했다. 그런데 위로하는 나의 한국말을 느낌으로 알아듣는 것 같았다. 이사벨은 12살 차이가 나는 띠동갑이었다. 조카 같았고 제자 같아서 나는 안아주고 토닥토닥 위로해 주었다.

유창하게 말하지 못했어도 서로의 마음을 알 수 있었다. 이사벨은 학원에 10명 정도 주부들이 있었는데, 내가 가장 마음이 편해서 찾아온 것이라고 했다. 우리 집은 어떻게 알았냐고 물어보고 싶었지만 영어로 말하지 못해 그냥 답답함을 참았다. 나중에 안 사실이지만 학원에서 자기소개를 할 때 이름, 집, 주소까지 말해서 메모해 놓았다고 했다.

난처한 상황으로 좋은 인연이 되어 이사벨과 나는 자주 만나는 진짜 친구가 되었다. 밥도 먹고, 맥주도 마시고, 영화도 보고, 집에 초대해 생일 파티도 해주고 우리 아이들과 함께 여행도 다니며 행복했다.

그때는 90년대 초반이어서 외국인이 전주에 별로 없었다. 외국인과 같이 다니는 음식점마다 더욱 친절했고 이사벨 덕분에 서비스도 잘 받았다. 우린 서로에게 한마디 한마디 한국말과 영어를 배우면서 7년을 친구로 지냈다. 덕분에 그 사이 회화 실력이 조금은 늘었다.

영어이고 외국인이어서 통하지 않는 것은 아니었다. 처음 소통할 때 눈빛과 손동작 하나로도 서로의 마음을 알 수 있었다. 그것은 관심이었다.

깻잎과 김을 좋아하고 고기를 먹지 않는 채식주의자 이사벨. 내 생일에는 밤새 프라이팬에 쿠키를 굽느라 잠을 못 자고 만들어 가져왔다. 나는 진실된 그 마음을 알았고 많은 감동을 받았다. 지금도 매년 크리스마스에는 뉴질랜드에서 카드가 온다. 뉴질랜드에 초대받아 갔을 때 눈물을 흘리며 반가워해 주었다. 가족 친척들까지 한국에서 친구가 왔다며 나를 진심으로 반겨 주었다. 순수하고 따뜻한 사람들을 보면서 나는 너무 각박하게 살았나 보

내 삶이
나를 응원한다

자신을 믿어라

책장을 정리하다가 우연히 25년 전 일기장을 발견했다. 잠시 넋을 잃고 읽었는데 깜짝 놀랐다. 내용이 전체적으로 부정적이고 불안하고 자신을 믿지 못하는 내용의 일기였다.

"첫아이 쌍둥이를 임신해 너무 힘들다. 임신중독증이라니~ 팅팅 부어서 신발도 신을 수가 없다. 어쩔 수 없이 3개월을 대학병원에서 입원해 지냈다. 소금기가 하나도 없는 음식을 매일 먹는 것은 죽을 만큼 싫었다. 하지만 배 속의 쌍둥이를 위해 참고 먹어야 했다. 함께 고생한 친정엄마와 남편에게 미안하지만 살기 위해 억지로 먹는 게 너무 싫다.

온몸이 자꾸 아프고 두 아기를 잘 돌볼 자신도 없다. 아이가 아프면 어떡하나 걱정이다. 뜬눈으로 밤을 새우고 항상 피곤하다. 밥을 먹으면 모래알을 씹는 것처럼 맛이 없다. 몸무게가 한 달 만에 3킬로그램이 줄었다. 잠을 잘 때는 쌍둥이가 어떻게 될까 봐 자꾸 흔들어본다. 너무 불안해 잠을 잘 수가 없다. 내가 쌍둥이를 잘 키울 수 있을까 걱정이다. 불안하다. 힘들다. 자신이 없다."

자신을 믿지 못해 너무도 불안한 새내기 엄마의 마음을 적어놓은 내 일기였다. 그 안에 긍정의 마음과 에너지는 하나도 없었다. 아마도 약간의 산후우울감까지 있었던 모양이다.

성숙하지 못한 내 모습, 어리숙하고 겁 많은 엄마 그대로였다. 일기를 읽는 내내 마음이 답답했다. 나에게는 쌍둥이를 잘 키울 거라는 믿음이 없었고 자신감도 부족했다.

살아가면서 나이가 들어도 자신을 믿지 못하는 부분도 있다. 돈에 집착하고, 욕심 부리고, 마음대로 판단하고, 아닌 것을 따져 묻고, 걱정하고, 다른 사람의 체면을 생각하고, 복잡한 마음으로 살다 보니 자신을 찾을 수 없고 내가 누구인지도 잘 모른다. 나는 그냥 아내이고 엄마이고 딸이고 며느리였다.

이제 마음의 걱정을 만들지 말고 비교하며 불안해하지 말자. 그럴수록 자신은 없어지고 보여주기 위한 삶을 살게 된다. 내가 나를 믿고 응원해야 한다. 당신은 이미 훌륭하고 잘 살고 있는 사람이다. 그런 마음의 믿음이 부족했기 때문이다.

남에게 용기와 힘을 주기 전에 자신을 믿고 자신에게 용기를 주고 힘을 줘야 한다. 나무가 뿌리를 잘 내려야 튼튼히 자라고 클 수 있다. 자신을 믿는 것도 용기와 힘의 양분이 필요하다. 나 자신이 행복하고 당당하게 살 수 있는 뿌리가 있을 때 가족에, 남편에, 사회에 공헌할 수 있는 열매도 맺을 수 있기 때문이다. 그것이 믿음의 뿌리이다.

자신에게 비관적이거나 희망을 걸지 않았을 때 당신은 아무것도 시도하지 못하고 미리 실패한 것이다. 내가 나를 믿지 못하면 누가 나를 믿어줄까? 내가 상대방을 믿을 수 있을 때 모든 것을 말할 수 있고 마음을 열고 소통할 수 있지 않는가! 나를 믿지 못하는데 누구를 믿을 수 있겠는가!

자신을 믿어보자. 믿는 대로 할 수 있다. 왜냐하면 당신은 이미 축복받은 인생이니까. 긍정의 기운과 신이 당신의 삶을 응원하고 있다. 당신은 그 기운을 받아들이기 위해 믿고 노력하면 되는 것이다.

불안은 또 다른 불안을 초래하고 믿음은 또 다른 믿음이 생겨

나게 한다. 스스로 믿음이 있을 때 말하고 싶고 소통할 수 있다. 자신을 믿고 또 믿자. 그리고 가끔씩 자신을 칭찬하는 수다도 떨어보자.

자신을 응원하는 말을 해라

말은 또 다른 나를 표현하는 것이다. 기분 나쁘고 화가 나면 그 말이 나를 닮아 나쁜 말과 화가 나는 말이 자신에게 온다.

말은 늘 내 삶과 같이 동행한다. 내가 느긋한 마음으로 평화로운 말을 할 때 내 생각과 말과 행동까지 그대로 평화로워진다. 하지만 내 마음이 분노에 차 방황하고 어찌할 줄 모르면 분노에 찬 말과 조급함이 그대로 나와 함께한다. 말은 마치 내 그림자처럼 나와 함께 사는 또 다른 나이기 때문이다.

사람들은 가끔 거울을 보고 있으면 자신이 보인다. 그러면서 우리는 혼잣말을 한다.
"살이 찐 것 같네!
피곤해 보이네!
오늘은 피부가 안 좋아 보이네!
왜 이렇게 주름이 생겼지!
흰머리가 보이네!

왜 이렇게 짜증이 나지!"

부정의 말이 자신에게 도움이 되는 경우는 하나도 없다. 그렇게 말할 때마다 정말 그렇게 된다. 나를 응원하는 긍정의 말을 해보자! 틀림없이 표정이 달라지고 행동이 달라진다. 스스로에게 최고의 응원 메시지를 보내자. 스스로 멘토가 되어 보자. 자신에게 응원하는 말을 먼저 할 수 있는 사람이 남에게도 응원하는 말을 할 수 있다.

오늘부터 아침에 거울을 보며 자신 있게 말해보자.

"오늘은 내 피부가 너무 좋아 보이네!

오늘은 몸매가 제법 멋진데!

오늘은 좋은 일이 있을 거야!

오늘은 에너지가 넘치는 날이네!

세상은 나를 축복하고 있어!

내 옆에는 좋은 사람들이 많아!

지금의 내가 너무 자랑스러워!

나는 나날이 좋아지고 있어!

내 인생의 주인은 나야!

나는 소중한 사람이야!

난 나를 사랑해!

조금만 더 힘을 내자!

난 나를 믿어!

괜찮아! 지금 잘하고 있어!

나는 계속 건강할 수 있어!"

이 밖에도 긍정의 말은 얼마든지 있다. 긍정의 말이 나를 긍정으로 만든다. 긍정과 응원하는 말은 또 다른 나와 소통하는 것이다. 이제부터 습관적으로 매일 연습하고 말해보자. 내 삶이 나를 응원한다는 사실을 기억하면서 말이다.

괜찮아!
지금도 잘하고 있어

듣고 싶은 이야기만
듣는 나

마음이 산란할 때 대화를 해 본 적이 있는가? 그럴 때 상대방의 이야기가 얼마나 이해가 되고 공감할 수 있을까? 아마도 자신의 머리가 복잡하고 고민이 많을 때는 웬만해서 누구의 이야기도 잘 들리지 않을 것이다.

영국 런던대학 콜린체리는 인간의 집중력을 시험해 보는 한 연구에서 칵테일 파티효과에 대해 발표했다. 자신이 수많은 사람들 속에 있고 칵테일 파티장이 시끄러워 정신없는 와중에도 내 이름 부르는 소리는 선명하게 들린다는 것이다.

즉 인간은 듣고 싶은 소리와 자신에 대한 소리는 시끄러운 상황 속에서도 들을 수 있다는 것이다. 똑같이 설명하고 이야기했는데 왜 나만 못 알아들었을까? 왜 나만 그 말을 듣지 못했을까? 할 때도 있다.

그것은 관심이다. 상대방에 대한 관심, 상대방이 하는 말에 대해 내 관심이 없기 때문이다. 관심은 잘 듣는 것, 즉 경청이다. 잘 경청하지 못해 오해가 생기고 신뢰를 잃을 수도 있다.

미국의 유명한 토크쇼 사회자 래리킹은 저서 『대화의 법칙』에서 1, 2, 3 법칙을 말했다. 대화에서 한 번 말하고 두 번 듣고 세 번 맞장구치라는 말이다. 말을 잘하기 위해서는 먼저 두 번 들으라는 말이다. 들을 때도 전략이 있다. 적극적으로 공감하며 들어야 한다.

직장에서, 사회에서 사람과 친해지기 위해서는 말을 잘하는 것보다 듣기를 잘해야 한다. 상대가 무엇을 말하고 싶은지를 알아차리고 내용을 인식하며 들어야 한다. 잘 들어주었을 때 점차적으로 상대는 마음을 열기 때문이다.

그래서 입은 하나, 귀는 두 개, 맞장구를 칠 수 있도록 손가락은 10개 있는 게 아닌가 싶다.

지점장을 할 때 일이다. 새로운 상품 "경청"이 나왔다. 직원들에게 상품 설명을 했고 고객과 상담할 때 그 부분의 콘셉트와 장점을 자세히 설명하였다. 상품 설명을 한 시간 삼십 분을 하고 나니 입에 쓴 물이 고였다. 대부분 긍정적이어서 계약이 잘될 거라 믿고 열심히 해보자며 파이팅을 했다.

일주일쯤 지났을 때 한 직원이 찾아와 짜증스럽게 말했다. "지점장님, 나는 그 설명을 못 들었는데요? 어떻게 알아서 계약을 해요?"

"아니, 상품 설명할 때 분명히 앉아 있었고 들었지 않나요?"

"아니요. 저는 정말 못 들었어요." 어이가 없었다. 다른 직원이 없었으면 오해가 있을 뻔했다.

나는 다시 한 시간을 설명했다. 나중에 안 사실이지만, 그 직원은 앉아 있었지만 오랫동안 카톡을 하고 있었다고 옆에 앉은 직원이 말해 주었다. 자신이 딴짓을 하느라고 듣지 못한 것을 당당하게 따졌던 배짱이 부럽기까지 했다.

대화의 70%는 경청이다. 잘 듣는 것은 상대방에 대한 존중과 예의이기도 하다. 누구나 듣고 싶은 것만 듣고 일한다면 직장에서 그런 태도는 심각한 문제를 일으킬 수 있다.

사람의 마음을 얻고 싶은가. 그러면 말하기 전에 듣는 법부터 배워야 한다. 좀 더 적극적으로, 좀 더 진지하게, 좀 더 공감하며 말이다. 만약 당신이 험담이나 욕을 들었다면 귀가 두 개인 또 하나의 이유를 생각하라. 그럴 때는 한 귀로 듣고 한 귀로 흘려보내고 빨리 잊어라. 듣고 싶은 이야기만 듣지 말고 상대방이 하고 싶은 이야기를 들어줘라. 진정한 경청이 소통하기 위한 첫 번째 매너이고 배려이기 때문이다.

심지가 있어야
불이 켜진다

2016년, 전 국민이 함께한 촛불의 함성과 기억이 아직도 눈에 선하다. 직장을 끝내고, 학교를 끝마치고, 아이를 유모차에 태운 사람들, 90세가 넘은 할아버지, 부모의 목말을 타고 있는 어린 아이, 그 추운 날씨에도 아랑곳하지 않고 더 나은 나라, 더 나은 민주주의, 깨끗한 나라의 희망을 품고 광장에 한마음이 모아졌다.

"이게 나라냐?"며 울부짖었고, 끝까지 용기를 잃지 않았던 사람들이 존경스럽다. 국민들의 목소리와 함성이 거대한 촛불이 되어 불을 밝혔다.

모든 초에는 불을 밝힐 수 있는 심지가 있다. 초에 심지가 없으면 불꽃이 피어나지 않는다. 그 심지는 국민들이 원하는 신념이고, 소통하는 민주주의였다. 책임과 정의가 있는 나라를 꿈꾸는 온 국민의 바람이었다.

나라를 책임져야 할 사람들의 불통이 가져온 결과이다. 통하지 않고 막혀 있었기 때문에 폭발한 것이다. 혈액이 잘 통하지 못하면 많은 병이 오듯이 말이다. 소통을 잘했던 리더들은 국민들에게 편안함과 신뢰를 준다. 존경했던 대통령과 실망했던 대통령을 생각해 보니 그것은 진정한 소통의 문제임을 알게 되었다.

작년 크리스마스에 휴가 나온 아들을 데려다줄 겸 미사를 마치고 온 가족들과 봉화마을에 갔다. 사람들이 가족 단위로 많이 있어 사실 놀라웠다. 산책을 하면서 윤태영 씨가 쓴 『대통령의 말하기』란 책에 나오는 글이 떠올랐다.

"말도 잘하고 일도 잘하는 사람이 지도자다. 그런데 말만 잘하고 일을 못하는 사람이 있을까! 그동안 외교 무대에 나가서 선진국 지도자들을 보니 말을 못하는 지도자가 없었다. 민주주의 핵심은 설득 정치이다. 그래서 말은 민주정치에서 필수적이다. 말을 잘하는 것과 말재주는 다른 것이다.
국가 지도자의 말은 말재주 수준이 아니고 사상의 표현이고 철학의 표현이다. 가치와 전략, 철학이 담긴 말을 쓸 줄 알아야 지도자가 되는 법이다."

　지도자들이 자신의 인생 성공을 위해, 돈을 많이 가지기 위해, 자기 가족만을 위해 정치를 한다면 국민들은 실망하며 촛불을 들 것이다. 국민들과 소통하지 못하는 것은 국민의 귀와 입을 막는 것이다.

　국민들의 귀와 입은 초의 심지와 같다. 초는 심지가 있어야 불이 켜진다. 그 심지는 국민들의 신념이고 목소리다. 소리치지 않고 외치는 국민의 염원이다. 세상과 잘 소통하고 싶은 간절함이다. 지도자들은 국민들과 잘 소통하는 것이 세상과 소통하는 것임을 알아야 한다.

　성공을 위해, 나만 돈을 많이 가지기 위해 정치를 한다면 이제는 국민들이 귀를 열고 눈을 뜨고 그 모습을 지켜보고 있다. 그래서 희망을 걸어본다. '국민 먼저다' 이런 나라가 될 수 있다. 국민들과 잘 소통할 수 있는 리더라면 말이다. 국민들과 잘 통하는 나라, 불통이 없는 행복한 나라, 대한민국이 영원하길 기도해 본다.

마음대로 할 수 있는 것
3가지

"여러분, 내 몸을 내 마음대로 할 수 있다고 생각하세요?" 강의를 할 때 내가 하는 질문이다. 대부분 사람들은 "네!"라고 대답한다. 사실 우리 몸에서 내 마음대로 할 수 있는 게 있고 할 수 없는 게 있다. 과연 마음대로 할 수 있는 것은 무엇일까? 탈무드에서는 이렇게 쓰여 있다.

내 몸이지만 내 마음대로 할 수 없는 것은 눈, 귀, 코이다. 왜 그럴까? 눈은 내가 바라보고 싶은 곳만 볼 수 있는 것은 아니라는 이야기다. 아름답고 멋진 것만 보고 싶은 게 인간의 마음이지만 본의 아니게 더럽고 추한 것, 혐오스러운 것도 보게 된다.
귀는 어떨까? 듣고 싶은 이야기만 듣지 못한다. 사랑의 말, 기분 좋아지는 말, 고운 소리만을 듣고 싶어도 괴음과 기분 나쁜 소리, 욕하는 소리 등 원치 않아도 들을 수밖에 없다.

코 또한 향기로운 냄새, 맛있는 냄새만 맡고 싶지만 괴롭고 고약한 냄새도 맡을 수밖에 없다는 이야기다. 내 몸이지만 이처럼 내 마음대로 할 수 없다는 이야기이다.

오로지 내 마음대로 할 수 있는 것은 손과 발, 입이다. 손과 발은 장애가 있지 않는 한 내 마음, 내 생각대로 움직일 수 있다. 즉 열심히 일하고 움직일 수 있고 걸을 수 있고 먹을 수 있고 건강하게 살 수 있다는 뜻이다.

입 또한 내가 다스릴 수 있다는 이야기다. 먹을 수도 있지만 사람으로 살 수 있는, 소통할 수 있는 곳이다. 세 치 혀가 사람을 살릴 수도 죽일 수도 있다는 말이 있다. 입으로 할 수 있는 대화와 소통의 소중함을 의미한다. 먹어야 살 수 있고, 내 생각대로 표현할 수 있는 입에 대한 하느님의 뜻이 있다고 느껴진다.

상상해 보자. 입을 마음대로 사용할 수 없으면 어떻게 될까? 먹을 수도 없고 소통할 수 없으며 결국은 사망에 이르게 된다. 나는 두 가지로 생각한다. 하나의 의미는 입으로 음식을 섭취해 육체적인 건강을 지키며 생명을 유지하는 것이고, 또 하나의 의미는 말을 함으로써 사람과 소통을 하고 정신적인 건강을 지키며 사람답게 사는 것이다.

이 시간부터 노력해 보자. 내 마음대로 할 수 있는 입을 가지고 세상에 복을 부르는 말, 복되는 말로 씨를 뿌려보자. 건강하고 맛있는 음식을 먹었을 때 기분이 좋아지고 행복하다. 마찬가지로 기운 나는 말, 사랑의 말, 격려의 말, 칭찬의 말, 친절한 말, 인정하는 말을 해 보자. 복되는 말을 하고 싶어도 말을 할 수 없을 때가 어느 때가 될지 모르지 않는가! 내 앞에, 내 옆에 있는 사람한테 미루지 말고 지금 말해보자.

세계적인 여배우 오드리 햅번의 글을 되새기며 말이다

"매력적인 입술을 가지려면 친절한 말을 하라.
사랑스런 눈을 가지려면 사람들 속에서 좋은 것을 발견하라.

나이를 먹으면서 당신은 알게 될 것이다.
당신이 두 개의 손을 갖고 있음을
한 손은 당신 자신을 돕기 위해
그리고 나머지 한 손은 다른 사람을 돕기 위해"(중략)

몇 번을 읽어도 질리지 않는 명언이다. 살아가면서 마음대로 할 수 없는 일이 참 많다. 오직 내 마음대로 할 수 있는 것, 손과 발, 내 입이다. 특히 입을 잘 사용해서 덕이 되고 복이 되게 소통하며 살자.

스스로 답해 보는 마음터치 TEST
– 나와의 소통

1. 습관적으로 나는 무슨 말을 하는가?

2. 싫어하는 일을 해야 할 때, 걱정이 생겼을 때 내가 하는 말은?

3. 어린 시절 내가 부모에게 주로 들었던 말은?

4. 나의 상처를 남에게 이야기한 적이 있는가?

5. 자랑하는 사람을 보면 나는 어떤 반응을 보이는가?

6. 자신에게 가장 행복한 선물은 무엇인가?

7. 나는 나를 존중하는가?

8. 나는 Yes와 No를 정확히 말하고 있는가?

9. 나를 가장 Up 시키는 말은 무엇인가?

10. 나다운 것은 무엇이 있는가?

마음 Touch!
감성소통

Part 2

칭찬하기
어려운
가족 소통

늑대와 살면
늑대처럼 우는 법을 배운다

모처럼 가족들과 외식을 하러 갔다. 식당은 깨끗하고 조용한, 좀 유명한 한식집이었다. 옆 테이블에는 젊은 부부와 부모로 보이는 어르신 두 분과 5살쯤 보이는 남자아이가 식사를 하고 있었다. 모든 분위기가 아이에게 맞춰진 식사처럼 보였고 할머니, 할아버지, 엄마, 아빠의 시선은 모두 그 아이에게 있었다.

할머니로 보이는 분이 손자에게 조기를 떼어 먹인 모양이다. 갑자기 아들은 "엄마, 그 고기를 그렇게 크게 주면 어떡해요, 가시가 들어갈 수도 있는데. 엄마나 그냥 알아서 먹어, 내가 알아서 줄게." 하며 약간은 짜증스런 목소리로 말했다.

나는 속으로 좀 욕을 했다. '저런 싸가지…….' 부모가 손자 생각해서 조기를 먹이고 있는데 민망하게 저렇게 쏘아붙이다니. 그 할머니도 좀 민망했는지 옆 테이블에 앉은 나와 잠깐 눈이 마주쳤다.

중요한 것은 그 뒤의 문제였다. 어머니에게는 반말로 짜증내듯 말하고 나서 갑자기 자기 아들에게 이렇게 말하는 것이었다. "아이고, 우리 아들 괜찮아요? 고기에 가시는 없어요?" 꼬박꼬박 경어를 썼다. 자기 자식을 사랑하는 마음은 이해하지만 과연 이런 말투를 아이가 어떻게 느끼고 받아들일까 하는 생각이 들었다.

분명 부모 앞에서 자기 자식에게 할 말과 태도는 아니라고 생각한다. 흥미로운 사실이 있는데, 사람들이 화를 가장 많이 내는 때를 관찰해 보았더니 식사 전에 빈도가 가장 높다고 한다. 물론 수면이 부족하거나 피로가 쌓일 때, 배가 고플 때, 상황이 불리할 때도 있지만 누구든 식사 자리에서 짜증이나 화를 내는 것은 같이 식사하는 사람들에게 최악의 매너이다.

화를 내는 것도 습관이고, 내 아이가 그대로 배운다. 부모가 화를 내는 것을 자녀들이 모방하고 학습한다. 그대로 거울처럼 배운다는 말이 더 정확하다.

특히 사람들은 다른 감정보다 화내는 데 아주 풍부한 감정을 가지고 있는 것 같다. 사실 살다 보면 불만도 많아지고 화를 내지 않을 수 없다. 결과는 화를 내서 고친 사람보다 칭찬을 해서 고친 사람들이 많다는 사실이다.

내 자식들이 건강한 정신으로 행복하게 살기를 바란다면 부모님 앞에서 화를 많이 내면 그 화내는 행동과 말투까지도 자식들이 그대로 따른다고 생각해서 조심해야 한다. 어른이고 부모라면 자제하는 모습을 보여줘야 한다.

"내가 화내고 싶어서 내는 줄 아느냐? 누구는 참고 싶지 않아서 화를 내느냐."고 말할 수 있지만 화내는 것도 습관이다. 자꾸 의식하고 감정을 조절하면 얼마든지 줄일 수 있다. 분노 조절을 할 수 있는 것은 인간에게 있는 장점이기 때문이다. 잘 안 된다는 것을 알면서도 노력해야 할 부분이다.

요즘 많은 부모들은 자식에게 어려서부터 수많은 조기교육을 시키며 물리적 조건을 다 갖출 수 있게 도와준다. 과거에 자신이 하고 싶었던 것과, 경제적 부족으로 받지 못한 교육을 내 자녀에게 다 시키고 싶어 한다. 그래서 요즘 아이들은 경제적 부족함이 없으며 물질에서도 만족감이 높다.

또한 이 모든 것들을 풍요롭게 해 주는 것이 부모의 기쁨이고 사랑이라고 생각한다. 부모들은 그것이 자식을 위한 사랑이라고 믿고 있다. 정작 자식들은 부모들의 이기적인 간섭을 유쾌해하지 않고 만족하지 못한다.

어른들은 자녀들을 훈계하고, 젊은 사람들이 버릇이 없다고 꾸중하지만 사실은 우리 어른들이 그렇게 가르쳐 주었음을 인정해야 한다.

　제일 시급한 것은 자녀들에게 안정감을 주고 부모를 믿을 수
있는 마음 소통을 해야 한다는 점이다.
　늑대와 살면 늑대처럼 우는 법을 배운다는 스페인 속담처럼 내
자식을 사랑하는 만큼 더욱더 말투를 조심해야 한다. 스스로 마
음에 들지 않는 내 말투가 내 자식에게 그대로 답습된다면 유쾌
하지 않을 것이다.
　부모가 자기 자식을 소중하게 대하고 존중하면, 마음 그대로
자식에게 전달된다. 모든 부모들은 자식이 자신의 단점을 닮지
않기를 바라며 이왕이면 좋은 모습, 좋은 말투를 닮기 바란다. 격
려와 위로의 말, 칭찬과 긍정의 말이 자녀에게 전해지기를 바라
는 마음이다.

　늑대처럼 우는 법을 보여주지 말자. 설령 가끔은 늑대의 불쾌
한 마음이 들지라도 서로에게 예쁘고 공손하게 말해 보자.

세상에서
가장 좋은 약

"친정에서 부모한테 잘 배웠어. 우리 선양이 엄마가 착해서 너희 집 아이들이 다 착해! 나중에 너도 너같이 착한 며느리 얻어라."

시어머님이 해 주신 처음이자 마지막 나에 대한 칭찬이었다. 그날 나는 그동안 섭섭했던 소소한 감정이 다 녹아내림을 느꼈다. 바로 집에 돌아와 남편에게 "우리 어머니 같으신 분이 없어. 정말 현모양처의 표본이신 것 같아."라고 칭찬을 하니 남편은 건성으로 듣는 것 같으면서 이미 입꼬리가 올라가고 기분이 좋아 보였다. 내 칭찬의 여파는 저녁 식사 자리에서 아빠가 하는 아이들 칭찬으로까지 이어졌다.

칭찬이란 단어는 라틴어에서 나왔다고 한다. 채운다, 보충한다는 뜻이 포함되어 있다. 사람들은 칭찬의 중요성과 칭찬이 왜 좋은지를 너무도 잘 알고 있을 것이다. 그럼에도 불구하고 나는 가장 칭찬하지 않으며 살고 있는 곳이 가정이고 가족이라고 생각한다.

특히 아이가 어렸을 때는 부모들이 예뻐하고 칭찬을 많이 하며 키운다. 중학생, 고등학생, 대학생이 되어 가는 자녀에게는 커갈수록 칭찬보다는 잔소리, 훈계, 질책을 많이 하게 된다. 기대가 계속 커지기 때문이다.

나 역시 그랬다. 아이 셋을 키우면서 아이들 10대, 20대에 제일 바람이 많았고, 인정하지도 칭찬하지도 못했던 것 같다. 그 후회하는 마음을 조금이라도 덜어보기 위해 가족 칭찬을 강조하고 싶다.

언젠가 회사에서 강의를 듣는데 세상에서 가장 소중한 사람을 10명 적어 보라고 했다. 그리고 차례대로 한 명씩 이름을 지우라고 했다. 남편, 아이들, 부모님, 친한 친구 등 10명을 종이에 적었고 한 명씩 이름을 지워보았다. 1명이 남을 때까지 지워 보라고 했다. 남편, 아이들 셋의 이름이 남았을 때 나는 더 이상 그 이름을 지울 수 없었다.

차라리 얼른 내 이름을 지워 버렸다. 좀 잔인하다는 생각이 들었다. 이름만을 지우려 하는데도 심장이 옥조이고 가슴이 아팠다. 아마도 이걸 써 보는 실습은 가족의 소중함과 가족 사랑이 최고라는 것을 알기 위함이었을 것이다.

모든 부모가 나와 같은 마음일 것이다. 어느 누구도 포기할 수 없는 것이 가족이다. 특히 자녀이다. 생각만 해도 너무 소중한 배우자와 자식들인데, 나는 얼마나 그들을 칭찬하고 인정하며 살았는가! 나는 어느 때 칭찬하는가? 나는 어떻게 칭찬했는가? 나는 어떤 말을 주로 사용하면서 칭찬해 주었는가?

생각하고 고민할 문제다. 후회하지 말고 속상해하지 말라. 지금부터라도 칭찬을 잘하면 된다. 그동안 칭찬이 쑥스러웠을 수도 있고 익숙하지 않아 자연스런 표현도 되지 않았을 것이다. 방법을 잘 몰랐을 수도 있다.

"늦었을 때가 가장 빠르다."라는 말이 있지 않는가? 그냥 매일 하면 된다. 식사를 하듯 하루 세 번 습관적으로 인격이나 외모가 아닌 말이나 행동을 칭찬해 주면 된다. 실천해 보자. 칭찬이 어려우면 인정하는 말을 해 주면 된다. 관심을 갖고 칭찬할 것을 찾아보면 칭찬은 저절로 된다.

여기서 하지 말아야 할 말은 원수가 되는 말, 멀어지는 말이다. 비난, 비판, 지시, 명령은 반드시 삼가야 한다. 그동안 하기 힘들었다면 있는 모습 그대로를 뭐라도 칭찬하며 실천해 보자.

사실 가족에게 칭찬을 했을 때 내가 먼저 행복해진다. 자신이 먼저 긍정에너지가 생겨 생기가 돌고 표정이 밝아진다. 칭찬하고 나서 자녀의 표정, 남편의 표정을 바라보면 왜 칭찬해야 하는지 알게 된다. 왜 가족에게 제일 많이 칭찬해야 되는지도 알게 될 것이다. 세상에서 가장 효과가 좋은 약이 칭찬이기 때문이다.

"잘했어. 잘할 줄 알았어.

넌 책임감이 제일 좋아.

끝까지 하는 인내심이 멋지구나.

엄마는 네가 믿음직스럽다.

웃는 모습이 얼마나 매력 있는지 너는 모르지.

네가 해낼 줄 알았어.

다음엔 더 잘할 수 있어.

천천히 해도 돼.

너는 특별히 말을 잘하고 있어.

너의 호기심이 너를 성공시킬 거야.

친구를 도와주다니 감동이구나."

끝없이 많이 할 수 있는 게 칭찬이다. 세상에서 제일 좋은 칭찬약은 돈이 들지 않고 매일 먹을 수 있다. 칭찬! 하루 세끼 식사를 하듯 가장 소중한 가족들에게 매일 먹여주자.

한마디 칭찬으로 가족의 기를 얼마든지 살릴 수 있다. 또한 칭찬은 마음 터치를 하기 위한 최초의 소통이다. 칭찬은 세상에서 제일 좋은 약이다.

하루 5분만
들어주자

무더운 8월 어느 날 성당에서 감정코칭 강의를 마치고 막 차를 타려 했을 때, 한 어머니가 급히 달려오셨다. "선생님, 문제의 아들 때문에 상담을 좀 하고 싶은데요. 아들 때문에 너무 속상해요. 우리 아들이 문제가 많은데, 어떻게 해야 할지 모르겠어요. 무조건 학교를 안 다니겠다네요. 고등학교도 아니고, 중학생 3학년인데요." 거의 발을 동동 구르며 얼굴이 상기된 채 빠른 말투로 이야기를 했다.

"글쎄요. 도움이 될지 모르지만, 아들과 함께 제가 있는 상담실로 오세요." 하고 시간 약속을 했다. 급하다는 말에 바로 그 주에 학생과 만나기로 했다.

유난히 피부가 노랗고 어깨가 처지고 기운이 없어 보이는 남자아이는 연약한 여자아이 모습이었다. 아빠는 오래전에 돌아가셨다 했다. 교육관에 들어서자마자 어머니는 다그치듯 많은 말을 쏟아냈다. 아이는 거의 끌려온 분위기였다.

"너, 여기 오면 무슨 말이든 한다 했지? 선생님은 엄마와 다르니까 다~ 얘기해 봐, 다 너를 위한 거야. 도대체 뭐가 문제야? 말을 해야지 말을……." 나는 그때 알아차렸다. 이 엄마는 한 번도 아이가 제대로 말할 수 있도록 기다려 주질 않는구나. 나는 "어머니! 오늘은 저쪽에 앉아 계시거나 볼일을 보시고 다시 오시면 좋겠어요."라고 말하고, 고개를 떨구고 있는 아이를 가만히 바라보고 있었다.

"오기 싫은데 엄마 때문에 온 것 같구나." 하고 말하자, 아이는 고개만 끄덕이고 말하지 않았다. "지금 기분이 어때?" 하고 물으니, 역시 답이 없었다. 나는 "그래, 말하고 싶지 않구나. 그러면 말하지 않아도 돼!" 하고 또 침묵으로 기다려 주었다. 5분이 참긴 시간처럼 느껴졌다. "동우야. 차 한 잔 마실까? 녹차가 좋아? 코코아 있는데 괜찮겠니?" 하고 물으니 "코코아 주세요."라고 말했다. 다행이었다. 코코아를 주라는 말에 '아~ 이제 마음을 조금 열기 시작하는구나.' 하고 느낄 수 있었다.

차를 마시면서 나는 가만히 눈을 응시하고 있었다. 아이는 대뜸, "엄마는 아무것도 모르면서, 씨~." 했다. "그럼, 동우한테 무슨 일이 있었는지 선생님한테 말해 줄 수 있겠니?" 아이는 학교에서 조용한 편이고 게임을 좋아했다. 하루는 힘이 센 아이가 갑자기 뒤에서 뒤통수를 세게 쳤고 그 황당한 상황에 동우는 욕을 했다. 그러자 그 아이와 친한 애들 셋이 갑자기 자기에게 덤벼들어서 자기도 죽기 살기로 대들었다고 했다.

동우가 한 아이 얼굴을 때리고 있을 때, 마침 담임선생님이 오셔서 화를 냈고, 아이들 앞에서 큰 체벌을 받았다고 했다. 더 중요한 건, 조용한 애가 저렇게 조폭 같은 줄 몰랐다며 반 아이들이 자기를 왕따시켰고, 선생님도 자기를 싫어한다고 했다.

그 후 수업 시간에 공부는 하나도 머리에 들어오지도 않고, 이렇게 사느니 차라리 학교를 때려치우고 싶다고 차근차근 말을 잘했다.

"동우가 그런 일이 있었구나. 그럴 때 어떤 기분이 들었어? 어떻게 하고 싶었어? 동우 말을 들으니 선생님도 가슴이 답답하네!" 하며 나는 감정코칭 상담으로 들어가 공감하고, 수용해 주며 계속 이야기를 들어주었다.

똑같진 않지만, 선생님도 학교 다닐 때 억울한 일이 있었다고 얘기해 주었다. 동우는 고개를 많이 끄덕였고, 자신이 어떤 감정이었고, 어떤 기분인지 차근차근 말했다. 엄마나 친구한테 한 번도 이런 이야기를 해 본 적이 없다 했다. 말하려고 했으나 공부하기 싫으니 핑계 댄다고 엄마한테 혼날 게 뻔하다고 생각했고, 친구들은 자신의 마음을 모를 것이라고 했다. 상담을 잘 마쳤고, 따로 어머니와 많은 이야기를 했다.

말을 하지 않았던 문제의 원인은 학생이 아니라 부모, 엄마에게 있다. 생각해 보자! 좋지 않은 상황일 때, 아이가 말을 하지 않고 힘들어할 때 아이의 눈을 바라보며 하루에 5분이라도 아이의 말을 들어준 적이 있는가? 화부터 내지 않았는가? 어떤 기분인지, 요즘 힘든 것은 무엇인지, 친구들과 잘 지내고 있는지, 어떻게 불편한지, 진심으로 뭘 하고 싶은지 물어본 적은 있는가?

중간고사, 기말고사, 점수와 등급을 물어보고 답하는 거 말고 말이다. 중·고등학교 학생들이 이 질문에 주로 하는 대답은 세 가지다. '싫어요.' '몰라요.' '내버려둬요.'이다. 이 말의 속뜻은, '말하고 싶어요.' '마음이 불편해요.' '답답해요.'라는 말이다.

조금만 더 편안하게 말할 수 있게 들어주자. 대부분 부모님들의 "다~ 너를 위한 거야." 하는 말은, 명분이 너무 빈약하고, 초라한 잔소리다. 훈계나 잔소리는 진짜 아이가 원하는 게 아니다. 자식이 잘돼서 내가 훌륭한 부모가 되고 싶은, 아이가 아니라 부모를 위한 것은 아닌지 생각해 볼 일이다.

내가 이루지 못한 꿈, 나보다는 더 훌륭히 되어야 한다는 강박과 바람이 밑바닥에 있기 때문에 훈계나 지시, 질책부터 나온다.

가슴에 손을 얹고 이 시간 다시 한번 생각해보자. 진심으로 자녀들과 소통하고 싶은가! 아이들이 왜 부모와 대화하기를 싫어하는가. 지시, 훈계, 질책, 잔소리가 아닌, 기운이 나고, 인정하고 믿어주는 소리를 듣고 싶기 때문이다. 다~ 너를 위한 것인지, 다~ 나를 위한 것인지, 부모는 큰 호흡으로 고민해 보아야 할 일이다.

오늘부터 하루에 5분만 침묵하며, 내 아이의 이야기를 들어주자. 자녀를 위한 시간으로 하루 5분만 남겨두자. 매일 5분의 시간으로도 우리 아이들의 자퇴, 가출, 왕따, 자살을 줄일 수 있다.

언제든지
말
해
도
돼요

말버릇이
인성이 된다

내 자녀의 인성에 도움이 되는 말은 어떤 말일까? 살면서 생각 없이 내뱉은 말이 오해를 사게 되고 나도 모르는 사이에 자녀에게 상처를 주기도 한다. 나도 딸에게 자주 하는 잘못된 말버릇이 있다. "너는 여자아이가 방 정리를 왜 그렇게 못하니?" "치우질 않고 왜 항상 어질러져 있니?" 사실 항상 그런 것도 아니고 가끔은 깔끔하게 정리를 잘할 때도 있었다.

단면을 보고 말하는 습관은 둘 사이의 대화를 단절시킨다. 또는 그 말을 듣는 사람은 "그래! 나는 원래 그런 사람이야!" 하고 체념하고 잘 하려고 하지 않는다. '항상'이나 '언제나' 같은 말은 누구에게나 방어적인 마음만 생기게 할 뿐이다.

똑같은 말이라도 어떤 사람은 예쁘게 하고 어떤 사람은 밉게 말한다. "예쁨도 미움도 자기한테서 나온다."라는 말이 있듯이 인간관계도 자신의 말버릇에 따라 좌우된다. 또한 그 말버릇은 시간이 지날수록 고치기가 어렵다.

하지연 정신과 교수님의 『소통, 생각의 흐름』 책에서 말버릇의 형성에 대해 다음과 같이 말했다. "사람이 태어난 후 13~20개월 사이가 되는 시기에 스펀지가 물을 흡수하듯 새로운 단어를 빨아들인다. 50개 단어를 배우는 순간 어휘력은 폭발적으로 증가해서 매일 여덟 단어씩 늘어나고, 여섯 살이 되면 1만 3,000천 개의 단어를 이해할 수 있다.

6~7세 이전에 대부분의 문법을 배운다. 그래서 이 시기를 언어 학습의 결정적 시기라고 한다. 언어를 이용한 소통과 교감의 기본적인 버릇은 이때 형성된다."

이 글을 읽으면서 너무 놀라웠다. 6~7세 이전에 기본적인 말버릇이 형성된다는 것이다. 다시 말해 기본적인 성격과 인성이 6~7세 이전에 형성될 수 있다는 이야기다.

중요한 것은 6~7세 나이 때, 모든 것이 대부분 가정에서 이루어진다. 부모의 대화, 말버릇을 보며 거울처럼 배우게 된다. 나는 이것이 사실임을 알 수 있었다.

유치원 교사를 하는 후배를 만났다. 후배가 하는 말이, 유치원에서 아이들과 부모놀이를 하는 중에 아이들 말에서 부모의 직업을 알게 되었다고 한다. 잘못 실수를 해서 상대방 아이를 넘어트린 아이에게 "이 자식은 감옥에 처넣어야 돼!" 해서 깜짝 놀랐다고 했다. 알고 보니 그 아이의 아빠는 그 계통에서 일하고 있었다.

또 아빠 역할을 하는 한 남자 아이가 엄마 역할을 하는 여자아이에게 "당신이 뭘 알아. 내가 알아서 해! 가만히 있어. 건방지게."라고 말했다고 한다. 다섯 살 아이들이 하는 대화에 어이가 없었다고 했다. 그 아이들의 말버릇은 부모들의 말이 그대로 녹아 있는 말투였다는 후배의 말에 나도 고개가 절로 끄덕여졌다.

심리학자 휴 미실 다이는 "모든 결혼은 실제로 6명이 하게 된다."고 말했다. 즉 결혼 당사자 두 명과 신랑 신부의 부모 두 명을 합하여 6명이라는 뜻이다. 즉 부모의 어떤 모습이나 말투를 인정하기 싫으면서도 결혼해 살면서 무의식중에 부모의 모습과 말투가 그대로 되풀이된다는 것이다.

부모라고 해서 완벽하게 잘 말하고 항상 좋은 모습만 보이기는 힘들다. 다만 자녀들에게 습관적으로 사용하는 나쁜 말투는 조심해야 한다.

말투는 그렇다. 습관적으로 하는 말버릇이 실상 부모도 모르는 사이에 아이들이 거울처럼 똑같이 쓰는 말투가 된다. 조금만 더 생각하고 고민해서 좋은 말을 쓰면 어떨까? 말 잘하는 게 아니라 잘 말하는 법을 알려줘야 한다. 부모의 말투가 자녀의 말투가 되고 인성이 되기 전에 노력해야 한다.

6~7세 이전에 잘 보여주지 못했다고 후회할 필요는 없다. 사람은 변화되고 생각하는 동물이고 성장하는 것이다. 지금부터라도 인정하는 말, 칭찬하는 말, 격려의 말, 기분 좋아지는 말, 마음을 열 수 있는 말을 해 보자. 이렇게 하면 된다. "잘했어, 괜찮아, 실수해도 돼, 그렇구나, 그렇게 하고 싶구나, 잘하고 있어, 잘할 수 있어, 너를 믿어."

나는 인성교육 강의를 할 때 인사하는 것을 많이 강조한다. 사람으로서 해야 할 가장 기본적인 일이 인사이다. 서로에게 인사만 잘 해도 관계가 좋아지고 매너 있는 사람, 예의바른 사람이 된다.

사회에서 서로에게 인사를 하지 않고 산다면 인성까지도 의심받을 것이다. 주위 사람에게 인사를 잘 하고 아름다운 말투를 사용하는 것이 하나의 인성이 된다. 자신의 말하는 습관이 자손 대대로 이어질 수 있다고 생각하면 긴장해야 된다. 지금부터라도 후손들의 좋은 인성을 위해 아름다운 말로 소통해 보자.

사랑과 전쟁
해결책

사랑과 전쟁은 TV에서 오랫동안 방송된 드라마로, 부부 이혼에 대한 이야기가 대부분이다. 통계청 자료에 의하면 우리나라 이혼이 1970년 15,000건에서 2016년에는 107,300건에 달한다. 결혼 후 20년 이상 된 커플의 이혼 비율도 2015년에 30%가 되었다고 한다. 이로 인해 OECD 국가 중 불명예스럽게도 이혼율 1위 국가가 되었다.

미국 워싱턴 대학 심리학과 교수인 카트맨 박사는 50년 가까이 3,600쌍의 부부를 연구했다. 모든 부부의 69%는 갈등이 있다. 부부 대화법으로 이혼 예측을 94%나 할 수 있다는 결과도 있다. 카트맨식 부부 치료 방법은 세계적으로 유명하다. 카트맨 박사는 특히 부부싸움이나 대화에 관심이 많았고, 또 중점적으로 연구했다.

부부싸움을 할 때 싸우는 내용, 눈빛, 음성, 자세, 표정 등을 관찰하고 분석했다. 그 결과 이혼하는 진짜 이유는 싸우는 내용이 아니라 대화하는 방식 때문이라고 했다.

이혼하는 이유는 원수 되는 대화, 멀어지는 대화를 하기 때문이다. 이혼하는 부부는 즉, 4가지 독이 되는 대화를 주로 사용한다는 것이다.

첫 번째는 비난이다. 대화가 아닌 상대방을 비난하는 것이다. 말끝마다 "당신이 뭘 알아, 잘하는 게 하나도 없어, 일을 이따위로 하다니, 맨날 늦기만 하고, 늘 짜증내고 난리야, 한 번도 도와준 적이 없어." 등 주로 '맨날', '항상', '언제나'가 들어가는 말을 쓰며 상대를 비난한다. 비난의 해독제는 불평이다. 비난하는 말을 하고 싶거든 불평을 하라. 그 불평은 상대방이 아니라 나 위주로 이야기하는 것이다. 예를 들면 "당신이 맨날 늦게 들어오잖아."를 "나는 당신이 좀 일찍 들어와 가족들과 시간을 보내기를 바라요."라고 부드럽게 요청하면 상대방도 부드러워진다.

두 번째는 방어의 말이다. 상대방의 비난의 말로 모든 걸 상대방 탓으로 돌리는 것이다. "왜 나만 갖고 그래, 당신도 그러잖아, 그러는 당신은 뭘 잘 했는데, 당신 때문이야." 등등이다.

방어의 해독제는 내 탓으로 받아들이고 약간만 인정하는 것이다. "당신은 뭘 잘했는데." 했을 때 "그래요. 내가 잘못한 부분도 인정해요." 하면 좋아질 수 있다.

세 번째는 경멸의 말이다. 경멸의 말은 상대방을 무시하는 말이다. "너는 구제불능이야. 그래 너 잘났다, 주제파악이나 하시지, 당신이 하는 일이 다 그렇지, 한심하다, 놀고 있네." 등등이다. 상대의 부정적인 면을 보면서 하는 말이다. 카트맨 박사는 경멸의 말을 하거나 듣고 사는 사람은 질병 발생률이 40배 높다고 했다.

경멸의 해독제는 자기진정이다. 자기진정이 가장 먼저 된 다음에 대화를 시도해야 한다. 심호흡을 하거나, 순간 기도, 딴 곳을 바라보기 등, 감정의 찌꺼기가 쌓이지 않도록 침을 꿀꺽 삼켜서라도 자기진정이 필요하다.

네 번째는 담쌓기이다. 말하지 않는 게 큰 죄라고 한다. 팔짱을 끼거나, 같은 장소에 있으면서도 다른 곳을 보며 시선을 피하고 말하지 않는 것이다. 상대방은 답답하고 속이 터진다. 나는 6개월 동안이나 말하지 않고 사는 독한 부부도 보았다.

주로 속으로 이렇게 무시한다. '지겹다, 너 혼자 계속 떠들어라, 제발 그만해라, 나도 지쳤다.' 등등이다. 담쌓기 해독제는 감사의 여지를 찾는 것이다. 살면서 그래도 잘해줬던 일, 고마웠던 일, 기분이 좋았던 일, 행복했던 일을 찾아보고 생각하며 조금이라도 존중과 호감을 가져보는 것이다.

사실 나도 작은 말싸움으로 순간 이혼을 생각해 본 적이 있었다. 지금 생각하면 순간의 무시하는 말이 상처가 된 것 같다. 부부가 살면서 잘못된 말 한마디로 이혼을 한다면 오래 같이 살 수 있는 부부는 없을 것이다.

이혼이 능사는 아니다. 이혼한다고 해서 만족할 수는 없다. 지옥은 자신이 만든다. 가장 가까이 있는 사람을 원수처럼 대하고 멀어지는 대화를 하면 그게 바로 지옥이 된다.

부부가 오래 살수록 대화를 많이 하지 않는다. '말하지 않아도 내 맘을 알아주겠지, 이만큼 살았는데 당신이 내 속을 왜 몰라.' 하며 다 안다고 착각한다. 말하지 않으면 아무리 현명한 사람도 모른다.

이혼하는 이유는 주로 성격 차이가 많아 46.5%나 된다. 대화가 없거나 하루 30분 미만 대화하는 부부도 30%에 달한다. 즉, 부부 소통의 단절이 이혼을 유발하는 원인이 된다.

이제부터라도 부부 대화를 해보자. 밥 먹는 시간 빼고, 눈을 보고 마주 앉아 하루 10분만이라도 대화를 해보자. 서로의 힘듦과 불만을 말해도 10분만 들어주자. 그러면 사랑과 전쟁이 아닌, 잘 소통하고 공감하는 사랑의 밭을 만들 수 있다. 남의 꽃밭을 부러워하지 말고 자신의 꽃밭을 지금부터 만들어보자. 부부가 잘 소통하면 자녀들이 행복해진다.

엄마의 팔자가 아니라 말투를 닮는 딸

　얼마 전 저녁밥을 먹는 자리에서 딸이 아빠에게 화난 말투로 말하는 걸 보고, 나는 섬뜩 놀랐다. 평소에 화가 날 때 내가 하는 말투 그대로였다. 마치 표정까지 내가 부활한 모습 그대로였고, 소름이 돋았다.

　나는 순간, "아빠한테 너는 그게 무슨 말버릇이야, 다 큰 딸이 그 정도로밖에 말하지 못하니?"라고 질책하고 싶었지만, 말이 나오질 않았다. 너무나 똑같은 나의 말투였기 때문이다. "여보, 밥 차려 놨어. 밥 먹어." 하면, 남편은 가끔 하던 일을 마치고 먹는다고 늦장을 부린다. 그럴 때 나는 신경질적으로 "찌개랑 생선 구운 것 다 식어버리고, 식으면 맛도 없을 텐데. 빨리 좀 먹게, 지금

안 먹으려면 치워? 애들아, 아빠 놔두고 그만 기다리고 먹자. 삐쳤나 봐. 우리 먼저 먹자."고 했다. 그날 딸아이는 "아빠, 식사하세요." 말하고 좀 이따 먹겠다는 아빠 말에 "엄마, 내버려둬. 아빠 삐쳤나 봐. 우리 먼저 먹자." 했다.

엄마의 말투가 자녀에게 얼마나 큰 영향을 미치는지 깨닫는 순간이었다. 평소 내가 하는 말이 습관이 되고, 그 말은 딸의 말투에 고스란히 배어 있었다.

처음 아이가 태어났을 때, 엄마가 되었을 때, 기분은 어떠했는가? 처음 아이를 품에 안고 있을 때 어떤 생각을 했는가? 새 생명의 신비와 고마움, 행복하고 건강한 아이로 잘 키워 보고 싶은 마음이다. 여기까지 이 세상 모든 엄마의 마음이 똑같을 것이다.

그렇다. 그럼 다음 질문에 답을 해보자. "그 자녀에게 주로 무슨 말을 하십니까?" 여기서부터는 똑같은 대답이 나오지 않을 것이다. 당신의 엄마가 반복해서 했던 말을 기억해보면, 각자 엄마의 말이 달랐기 때문이다. 엄마가 습관적으로 하는 말 속에는 엄마 자신의 과거 감정과, 선입견이 담겨 있기 때문이다.

자식이 잘되기를 바라는 마음은 어느 엄마나 똑같지만, 현실에서 내가 자녀에게 주로 하는 말이나 말투는 너무 다르다는 것이다.

옛날 어른들은 "팔자가 세다." "팔자가 늘어졌네." "내 팔자야." "상팔자네." 등 팔자에 대한 이야기를 많이 했다. 과거에는 여자 팔자가 두레박 팔자다, 여자 팔자엔 바지 셋이 달렸다는 말도 있다. 즉, 아버지, 남편, 아들에 달렸다는 이야기다.

그러나 요즘은 남자 팔자가 치마 셋에 달렸다는 말도 있다. 장모님, 부인, 딸이라는 이야기다. 과연 그럴까. 너무도 의존적이고 자아 존중감이 없는 말이다. 100년 전 여자가 투표권을 달라고 해서 감옥에 보냈던 시대가 아니다. 이제는 변했고, 달라졌다.

팔자는 자신의 선택과 노력이고, 바꿀 수 있는 것이다. 다시 돌아오지 않는 것이 말과 시간, 기회라고 하지만, 말을 잘 다스리면 인생이 달라지고 시간 관리를 잘하면 성공할 수 있고, 기회를 잘 잡으면 인생이 달라진다는 이야기다.

직원 면접을 볼 때 일이다. 전업주부를 하던 엄마가 보험 일을 해 보겠다고 했다. 나는 질문에 "왜 이 일을 하려고 하십니까?"라고 질문했다. 그 엄마는 상기된 얼굴로 단도직입적으로 "돈 벌려고요."라고 했다.

"왜 전업주부를 하다가 갑자기 돈을 벌려고 하십니까?"라는 질문에 4학년인 딸아이에게서 "엄마는 왜 매일매일 그 옷만 입고 있어? 돈이 없어? 엄마, 나 피아노 학원도 가고 싶고, 영어 학원도 가고 싶은데, 우리 집은 돈이 없으니까 내가 참아야지!"라는 소리를 듣고, 마음이 아팠고 눈물이 났다고 했다. 돈 없다는 말은, 자신이 아이 앞에서 자주 하는 소리였다고 했다.

무조건 절약하고 희생적인 엄마로 살기 싫다. 힘들어도 돈을 벌어 아이가 원하는 걸 해 주고, 아이의 능력을 뒷받침해 주고 싶다. 나도 돈을 벌어 좀 더 여유 있게 잘 먹고, 잘 입고, 행복한 엄마로 살고 싶다. 그 엄마의 대답은 간절했고, 진심이 느껴졌다. 그 엄마는 입사해, 누구보다 열심히 일해서 돈도 잘 벌고 있고, 아이 학원도 보내고 있다.

엄마가 행복해야 그 자녀들이 행복하고 가정이 행복하다. 돈이 부모 노릇을 하는 것은 아니지만, 최소한 돈이 없기 때문에 내 딸아이가 꿈을 포기하거나 초라함을 느끼는 인생을 살게 하는 것이 싫다는 것이었다.

재산은 물려주지 못해도, 가난을 물려줘선 안 된다. 이 세상 어떤 부모든 자식이 행복하고, 건강하고, 원하는 걸 이루고 살기를 기도한다. 부모의 행복하지 못한, 힘든 부모의 뒷모습과 삶이 그대로 답습되기를 바라는 부모는 없다. 부모보다는 좀 더 행복하고, 부모보다는 좀 더 잘 되고 성공하기를 바란다. 내 인생보다는 자식의 인생이 더 멋지기를 바란다.

부모가 자녀의 인생을 대신 살아 줄 수는 없다. 그러나 자녀를 행복하게 할 수 있는 가장 쉽고 가장 빨리 할 수 있는 방법이 하나 있다.

그것은 자녀를 존중하는 것이다. 존중하는 것은 존중하는 말투에서 시작된다. 존중을 받고 성장한 아이가 사회에서도 남을 존중하며 살 수 있고, 존중받을 수 있기 때문이다.

하느님은 혼자 아기를 돌보기가 너무 바빠서 천사를 만들었고, 어머니라는 존재를 만들었다고 한다. 마음으로만 자식에게 최선일 수 없다. 엄마의 말이 내 자식뿐만 아니라 나아가 남의 자식에게까지 나쁜 영향을 끼칠 수 있다. 딸이 하는 말투에 문제가 있다면, 엄마의 말투에 더 큰 문제가 있다는 사실을 기억하자.

기적의 소통법
"감정코칭"

6년 전 지인 교수님께서 감정코칭 공부를 해보라고 권하셨다. 처음엔 '무슨 감정코칭이야? 내 감정은 내가 잘 아는데.' 하고 생각했지만 뭐든 배우고 싶고 호기심이 많은 나는 선뜻 해보겠다고 했다. 6개월 2급 강의를 듣고 공부하던 중, 마치 신기루를 발견한 듯 "바로 이거였어." 하는 생각이 들었다.

개성이 다른 지점원들을 관리하고 많은 고객들을 상대하다 보니 내 감정이 힘들 때가 많았고, 가끔씩 이중적인 표정을 하며 울고 싶은데 웃으면서 대화를 해야 했다. 그래서 나에게 꼭 필요한 교육이었다. 또한, 이렇게 좋은 감정코칭을 공부해 감정코칭 강사가 되어 많은 사람에게 알려주고 싶어졌다.

사랑 나눔에 있는 청소년들과 다문화 엄마들에게도 공부해서 알려 주고 싶었다. 1년에 걸쳐 1급 강사 자격을 취득했지만 과정은 만만치 않았다. 많은 PPT 시연과 연습을 했고 과제를 해 가며 가다듬었다. 왜 그렇게 까다롭게 자격을 줘야 하는지 상담을 하면서 알게 되었다.

제일 중요한 건 나 자신이었다. 사람의 감정과 코칭법. 뇌구조를 알고 나니 스스로 편안해졌고 속상할 일이 적어졌다. 자존감도 좋아졌다.

감정코칭의 창시자는 미국 워싱턴 대학교 심리학과 교수인 존카트맨 박사이다. 50년 가까이 3,600쌍의 부부를 연구했고 자녀를 위한 감정코칭까지 연구하게 되었다.

우리나라에서는 최성애 박사와 조벽 교수님이 아시아 최초 카트맨 박사의 부부치료사 자격을 취득했고 뇌 과학과 감정코칭 교육을 시스템화했다. 이제는 많은 강사들과 함께 HD 행복연구소 감정코칭 협회를 창립해서 대한민국 많은 단체와 사람들에게 감정코칭을 알리고 세계 여러 나라에 소개 및 전파하고 있다.

나는 실제로 가정에서, 직장에서 감정코칭을 실천해오면서 이것이 기적의 소통법임에 공감하며, 관계가 좋아진다는 사실을 알았다. 마치 좋은 스승을 만난 느낌이었다. 특별히 많은 말을 하지 않고도 사람의 마음을 열 수 있고 편안하게 통할 수 있는 소통법이었다.

감정코칭은 5단계로 이루어져 있다.

첫째: 감정 인식하기다.

작은 감정이 보일 때 빨리 알아차리고 행동 속에 숨어 있는 감정에 주목하는 것이다. 상대의 감정을 잘 모르겠으면 물어보면 된다.

둘째: 감정코칭을 할 수 있는 좋은 기회를 생각한다.

감정을 표현하지 않는 것보다 감정이 격할수록 좋은 기회라는 것이다.

셋째: 감정을 들어주며 수용하고 공감해주기다.

즉 모든 감정을 수용해 준다. 작은 감정의 변화를 포착하는 것이다. '왜'라고 묻는 대신 '무엇'과 '어떻게'로 접근한다. 상대가 하는 말을 따라 하면 쉬워진다. 많이 힘들어할 때는 그 힘든 감정에 같이 머물러 주며 공감해 준다.

넷째: 감정의 이름을 붙여주는 것이다.

스스로 자기 감정을 표현할 수 있도록 돕고 감정에 이름을 붙여준다. 아이들이 그 감정을 잘 모를 때는 그것을 '억울함'이라고 말해준다.

다섯째: 바람직한 방향으로 행동의 한계 정해 주기다. 상대가 원하는 해결책을 찾아보고 스스로 해결책을 찾도록 돕고 본인에게도 상대에게도 피해가 되지 않는 선에서 방법을 함께 모색해 본다.

여기까지가 가장 기본이 되는 감정코칭 5단계다. 이 중에 제일 중요한 건 3단계다. 가정에서 모든 과정을 철저히 코칭 하지 않더라도 3단계 공감, 수용만 잘해도 상대의 감정을 읽을 수 있고, 상대방을 진심으로 공감할 수 있는 자연스런 소통으로 이루어진다.

여기에서 제일 중요한 포인트가 있다. 어른들이 아이를 코칭할 때 대부분 1단계에서 바로 5단계로 넘어가면서 훈계와 지시자가 된다는 것이다. 이것은 어른들, 부부대화법에서도 많이 느낄 수 있다.

노인대학에서 "100세 행복소통" 강의를 할 때였다. 두 노부부를 앞으로 모셔 집에서 하는 대화를 하지 말고 오늘 배운 감정코칭형 대화를 시연하게 했다. 처음 두세 번은 서로 잘 수용하고 공감했다.

그런데 아내가 계속해서 허리와 어깨가 아프다고 말하니 1분도 안 돼서 할아버지는 바로 "그니까 내가 병원 가고 약 먹으라 했지! 맨날 아프다고 하면서 왜 내 말을 왜 안 들어."였다. 할머니는 바로 눈이 빨개지셨다.

아프면 약 먹고 병원 가는 사실을 누가 모르겠는가? 가장 가까운 남편에게 위로받고 싶은 심정을 알아 달라는 것인데 말이다. 말처럼 쉽게 되지 않는 것이 감정이다. 무수한 공감화법과 소통책이 많지만 나는 이 책을 읽는 독자들에게 이거 한 가지만은 강조하고 싶다.

자녀가, 남편이, 아내가 무슨 말을 해도 진심으로 인정하는 것이다. 남자들이 제일 좋아하는 것은 인정하는 것이고 여자들이 제일 좋아하는 것은 관심과 사랑이라는 말도 있듯이 말이다.

그 마법의 말은 너무 간단하다. "그래, 그랬구나, 그러고 싶었었구나, 그래요, 그랬었군요, 그럴 만하겠어요." 다시 말하면 앞에다 그 사람이 한 단어를 붙여주고 인정하면 된다.

"엄마 나 오늘 너무 창피했어. 너무 속상했어."라고 말하면, "아~ 우리 딸이 오늘 너무 창피했었구나. 아~ 우리 딸이 오늘 너무 속상했구나." 하면 된다. 또는 "여보 나 오늘 밖에서 엄청 스트레스 받았어. 여보, 오늘 회사에서 정말 자존심 상했어." 하면 "그렇군요! 당신이 오늘 밖에서 스트레스 받은 일이 많았군요. 오늘 당신이 회사에서 자존심 상하는 일이 있었군요."라고 거울을 보듯 그 감정을 그대로 인정하고 "그렇군요!"라고만 해줘도 마음이 편해지고 마음 소통이 시작된다는 것이다.

그런 다음 왜 그런 기분이 들었는지 말해줄 수 있냐고 물어봐도 된다. 물론 계속해서 왜 그런 기분이 들었는지 물어볼 수도 있지만, 진심으로 여기까지만 공감만 해줘도 상대의 기분은 가라앉고 조금씩 마음이 통하기 시작한다.

감정코칭을 배우지 않았어도 우리는 소통을 잘하기 위해 그 사람의 감정과 기분을 인정해 주고 잘 모르겠으면 물어봐줘야 한다.

"오늘 기분이 어떠니?" "당신 지금 기분은 어떠세요?" 하고 진심으로 기분만 물어봐 줘도 자녀와 남편은 존중과 관심을 받는다고 생각한다.

유난히 더운 여름 회사에 있을 때 화가 난 고객이 "지점장 바꿔." 하고 지점에 전화를 걸어왔다. 나는 먼저 심호흡을 하고 '그래, 고객이 엄청 화가 났구나. 감정코칭을 할 좋은 기회구나.' 생각하고 고객의 불만을 듣기 시작했다. 무려 40분이나 같은 말을 계속했다. 고객관리를 잘 안 해 줘서 화가 난 것이었다. 나는 40분 내내 "그래요, 화가 나셨군요. 그러실 만하네요. 저라도 속상하고 화가 났겠어요." 하면서 계속 인정하고 그 고객 기분에 함께 공감해 주었다.

40분이 지났을 때 고객은 지점장이 무슨 잘못이냐며 미안하다고 나에게 사과하고, 웃으면서 마지막 인사를 나눌 수 있었다.

주의할 점은 부모나 선생님이 아이에게 감정코칭을 하지 말아야 할 때가 있다는 것이다. 다른 사람이 있을 때, 시간에 좇길 때, 아이의 안전이 우선일 때, 감정코칭을 해야 할 사람이 몹시 흥분했을 때, 아이가 거짓 감정을 꾸며댈 때이다.

잘하지 못하더라도 감정코칭을 시도해 보면 달라지는 것을 알 수 있다. 자신의 감정조절이 힘들거나 자녀를 키우는 데 소통이 힘든 부모님들이라면 나는 『내 아이를 위한 감정코칭』이라는 존 카트맨, 최성애 박사의 책을 권해 드린다. 감정을 알면 마음 소통을 잘할 수 있다.

점점 좋은 일이
많아질 거예요

나는
어떤 부모인가

자식과 골프는 마음대로 되지 않는다는 유머가 있다. 그것은 원하는 대로 되지 않는다는 이야기다. 자식을 내 마음대로, 내 계획대로 키운 부모가 있을까! 그런 부모가 있다면 위대하고 존경스럽다. 그러나 대부분 부모는 그렇지 못하다.

부모님을 생각해 보면 이해가 빠를 것이다. 나는 우리 부모님께 어떤 자식이었는가. 과연 나는 부모가 원하는 대로 잘 자란 자식이었는가. 과연 내 자식들에게 나는 어떤 부모인가. 부모의 유형에는 4가지 형이 있다.

첫 번째는 축소 전환형 부모이다.

이 부모들의 특징은 아이의 감정은 별로 중요하지 않다고 여긴다. 그 결과 감정을 무시하고 간과한다. 또한 아이의 감정은 비이성적이라고 생각하고 믿지 못한다. 감정을 놀리거나 농담 삼으며 부정적 감정이 빨리 사라지도록 격려한다.

축소전환형 부모 밑에서 자란 아이는 감정을 감추어야 된다고 생각하고 부정적 감정은 빨리 극복해야 한다고 배운다. 슬픔이나 분노 같은 감정을 가라앉히는 방법을 배우지 못하고 눈치를 보게 되거나 자신감이 낮다. 예를 들면, "친구들이 나를 왕따 시켜 속상해요." 하면 "그래. 별거 아니네. 엄마가 용돈 줄게. 속상해하지 마." 식이다.

두 번째는 억압형 부모이다.

이 부모들의 특징은 아이의 감정을 비난하거나 꾸짖으며 부정적으로 반응한다. 올바른 행동을 해야 한다고 훈계하며 벌을 주거나 훈육한다. 부정적 감정은 나쁜 성격이라고 믿으며 쓸데없는 낭비나 사치라고 여긴다.

이러한 억압형 부모 밑에서 자란 아이는 나쁜 감정을 느낄 때 스스로를 나쁜 아이라고 믿는다. 분노나 슬픔이 있을 때 누구에게 어떻게 도움을 청해야 할지 모르며 꾸지람을 들을까 봐 감정을 감추고 외로워하거나 혼란스러워한다.

이런 아이들은 감정 조절하는 법을 배우지 못했기에 학교에서 다투거나 말썽을 일으키고 집중을 못 한다. 예를 들면, "아빠, 저

친구들과 놀러가고 싶은데요!" 하면 부모는 무조건 "안 돼! 그럴 시간이 어딨어. 아빠가 시키는 대로 해. 네가 뭘 알아." 식이다. 이런 부모 밑에서 억압형으로 자란 아이는 어른이 되어서도 외롭고 남을 많이 지적한다.

세 번째는 방임형 부모이다.

이 부모들의 특징은 애들은 다 그러면서 큰다고 믿으며 선도하거나 대안을 찾아주지 않는다. 무제한 허용하며 감정을 다 분출해야 좋다고 믿는다. 나쁜 감정도 격려하며 감정에 대해 올바른 지도를 하지 않는다.

예를 들면, "엄마, 제가 학교에서 억울한 일이 있었어요." 하면 다 "그러면서 크는 거야. 그건 네가 알아서 해라." 하는 식이다.

이런 방임형 부모 밑에서 자란 아이는 강한 감정이나 부정적인 감정일 때 아무렇게나 행동을 해도 괜찮다고 배운다. 흥분하거나 화나고 슬플 때 어떻게 스스로 진정시켜야 하는지 모른다. 그러므로 친구관계가 좋지 않으며 학업에 집중하기가 어렵다.

네 번째는 감정코칭형 부모이다.

이 부모들의 특징은 모든 감정을 허용하나 행동에 제한을 준다. 아이의 부정적인 감정은 좋은 교육의 기회라고 여기며 감정을 잘 들어주고 감정에 대해 훈계하지 않고 공감해준다. 문제 해결방안이나 대안을 제시하거나 함께 모색한다. 가장 이상적인 부모이다.

인성은 가르치는 게 아니라 보여주는 것이라고 한다. 요즘 취업을 할 때도 스펙보다 인성이 중요시된다. 무엇보다 인성이 실력이라는 것이다.

"자녀를 잘 키우는 것은 우리 어른의 문제이고 부모의 문제이며 우리 모두의 문제이다. 부모 스스로가 내가 어떤 유형의 부모인지를 알아차리고 감정코칭형 부모가 되도록 노력해야 한다."는 최성애 박사님의 말씀이 가슴에 남는다.

부모와 좋은 감정을 가진 자녀가 행복한 아이가 되고, 행복한 가정을 이루며, 건강한 사회를 만들 수 있다. 행복은 가정에서 이루어지며 '부모'와 자녀의 소통에서 이루어진다.

늦었다고 생각할 때가 빠르다. 나는 지금도 내 아이들을 키울 때 어떤 부모인지 알았으면 좋았을 것을 하고 후회할 때가 있다. 때로는 방임형, 축소형, 억압형으로 키운 내 아이들에게 미안한 마음이 가슴 절절하다. 잘하지 못하더라도 이제부터 이 글을 읽는 독자들이 후회 없이 감정코칭형 부모 대화를 하길 바란다.

분명 예전과 다른 마음 소통이 될 것이라는 것을 확신한다. 나는 자녀들에게 소통의 유산으로 남기고 싶을 만큼 감정코칭의 매력에 빠져 있고, 필요성을 느낀다. 늦기 전에 한 명의 부모에게라도 더 알리고 싶은 소망이 있다.

부부
10계명

언어학자들은 "똑같은 말을 만 번 정도 하면 이루어진다."고 한다. 만 번을 해도 부족한 말이 무엇일까? '사랑'이다. 사랑을 빼면 인간관계, 가족관계, 부부관계가 없어진다. 수많은 영화, 드라마, 소설, 음악, 미술, 철학, 모든 인간에 관한 인문학도 존재하지 않을 것이다. 종교마저도 존재하지 않을 것이다. 이 사람이 내 인생의 전부이고 목숨까지도 줄 수 있을 것 같다 하며 깊은 사랑에 빠지고 대부분 결혼을 한다.

60억 인구이니 30억 대 1의 소중한 만남이다. 결혼식장에서부터 사랑과 인내, 존중, 배려 등 주례사의 주옥같은 말씀을 듣는

다. 1년, 3년, 10년, 20년, 해가 갈수록 서로에게 익숙해지고 편해진다. 그러면서 차츰 대화가 없어진다. 모든 대화의 주제는 거의 자녀 문제이고 돈 문제이다. 그렇게 간절했던 사랑은 녹아 없어진 지 오래다. 마음으로 사랑하지만 잘 표현하지 못한다. 쑥스럽고 민망하다. 부부는 굳이 표현하지 않아도 오래 같이 살았으니 내 마음과 같을 거라고 믿는다. 여기 소와 사자의 이야기가 있다.

"소와 사자는 둘이 죽도록 사랑해서 결혼을 했습니다.

소는 최선을 다해서 맛있는 풀을 뜯어 사랑하는 사자에게 주었습니다.

소는 자신이 먹고 싶은 것도 참으며 사자에게 주었고, 사자는 풀이 싫었지만 참았습니다.

사자도 최선을 다해 먹고 싶은 살코기를 참으면서 소에게 가져다주었습니다.

소는 살코기가 싫었지만 참았습니다. 하지만 참을성에는 한계가 있었습니다.

나는 최선을 다했다고 생각하며 둘은 차츰 다투었고 싸우기 시작했습니다.

결국, 소와 사자는 헤어지고 말았습니다."

톨스토이 우화에 나오는 이야기이다. 부부의 사랑이 소와 사자의 이야기처럼 되지 않았는지 생각해 볼 일이다. 같은 생각이지만 다른 언어를 사용하는 부부들이다. 서로를 위한다고 하지만 사실은 자신을 위한 것이다. 상대를 위한다고 하면서 자기 생각, 자기 말을 강조하며 맞다고 믿는다. 부부는 서로가 행복하기를 바라며 사랑하는 마음이 있다. 같은 생각이면서 다르게 표현하고 다르게 소통하기 때문에 힘이 들 때가 많다.

다음은 부부가 해야 할 대화이다. 다문화 부부 강의에서 내가 강조하는 대화법이다. 10계명은 하지 말라는 말보다 해야 할 말 10계명이다. "아는 것을 행하지 않으면 모르는 것과 같다."고 법 정스님은 말씀하셨다. 실천해 보자. 같은 생각, 같은 마음이 되며 마음 소통을 할 수 있다.

1. 당신이 내 아내(남편)여서 너무 좋아요.
2. 부족한 걸 이해해 줘서 감사해요
3. 열심히 살아줘서 고마워요.
4. 당신 건강이 우리 가족 행복이에요.
5. 힘들죠! 기운 내세요.
6. 옆에 내가 있으니 걱정 말아요.
7. 당신은 소중한 사람이에요.
8. 내가 사랑하는 거 알고 있죠?
9. 점점 좋은 일이 많아질 거예요.
10. 당신은 믿음이 가요.

나는 부부 사랑 10계명으로 강의에서 실습을 하게 한다. 실습 시간에 쑥스럽고 어색해하면서도, 좋아하며 표정이 너무 밝아지는 엄마들을 보면 행복하다.

다 말하기 힘들면 하루에 한 문장씩 말해 보라고 권한다. 같은 생각 다른 소통으로 부부관계를 파괴하는 것은 간단하다. 상대의 자존심을 건드리고 다른 사람과 계속 비교하는 것이다. 단점을 지적하고 상대 가족 흉을 보는 것, 낭비벽이 심한 것, 변명을 많이 하는 것, 무시하는 것, 말을 하지 않는 것 등이다.

해야 할 말보다 하지 말아야 할 말이 더 중요하다. 왜냐하면 상처가 되는 말은 가슴에 오래 남기 때문이다. "입술에 3초 가슴에 30년"이란 말도 있듯이 말이다.

부부의 긍정 대화는 바로 가정의 행복이고 자녀들의 행복이 된다. 하루에 한마디. 부부 사랑 10계명을 실천해 보자.

옆에 내가 있으니
걱정 말아요

사랑 표현
우선순위

"인정하는 말"
"함께하는 시간"
"선물"
"봉사"
"스킨십"

40년간 결혼 상담을 해 온 게리 채프먼 박사는 그의 저서 『다섯 가지 사랑의 언어』에서 사랑의 언어가 다르면 소통되지 않는다고 했다. 서로 사랑하면서도 사랑을 느끼지 못하는 이유는 사랑을 표현하는 다른 언어를 사용하고, 중요하게 생각하는 우선순위가 다르기 때문이다. 이 책은 세계 40여 개 언어로 번역되었고 130주간 뉴욕 타임스 베스트셀러에 올랐다. 게리 채프먼 박사는 내가 상대방으로부터 사랑받을 때 느끼는 다섯 가지 언어를 말했다.

여기에서 '인정하는 말'은 감사 표현과 칭찬, 격려의 말, 겸손의 말, 다른 사람 앞에서 인정해 주기다. 인정을 받으면 상대에게 더 호감을 느끼고 자존감이 좋아지기 때문이다.

'함께하는 시간'은 장롱처럼 옆에 있어주는 시간이 아니라 서로에게 집중하는 시간이다. 서로 바라보며 진정한 대화를 나누거나 함께 영화를 보거나 함께하는 취미생활이다. TV를 함께 보더라도 대화를 하면서 보고 요리나 청소를 하더라도 함께 대화하며 하는 것이고 함께 공감하는 추억을 만드는 것이다. 저절로 상대에게 같은 감정과 공감이 있는 시간이다.

'선물'은 대부분 누구나 받으면 기분이 좋아진다. 그러나 여기서 말하는 선물은 마음이 담긴 선물을 말한다. 상대의 마음을 진정으로 느낄 수 있는 선물이다. 잘못을 저지르고 보상으로 전하는 선물은 진정한 선물이 아니다. 꼭 물건이 아니더라도 상대방이 원하는 여행을 함께 가주는 선물, 듣고 싶은 음악회에 함께 가는 선물도 있다. 값비싼 선물보다 꽃다발 하나가 감동일 수도 있고 때론 부담스러울 정도로 값비싼 선물이 마음을 사로잡을 수도 있다.

'봉사'는 부부가 상대에게 도움을 받는 것을 말한다. 설거지를 해 주고 청소도 해 주고 아이를 돌봐주고 세차도 해 주고 맛있는 음식을 해 주고 옷도 챙겨주고 실제로 아내의 일을, 남편의 일을 도와주는 봉사이다. 가부장적 남편은 아내를 도와주는 봉사를 아내의 요구 탓이라고 불편하게 생각한다. 아내 역시 봉사를 당연히 여기면 안 된다. 봉사를 원하는 부부라면 칭찬이나 감사의 표현을 특히 잘해야 된다. 더 많이 봉사해 준다는 다른 집 남편과 비교를 하며 말하는 것은 봉사의 의지를 꺾는 것이다.

'스킨십'은 부부관계 섹스를 말하는 게 아니다. 손잡고 걷고, 안아주고, 쓰다듬어 주고, 키스하고, 안마해 주는 것이다. 연애 시절이나 신혼 초에는 많았지만, 시간이 지날수록 없어지는 게 스킨십이다. 결혼생활 50년이 되어도 스킨십을 잘하는 부부들이 있다. 이 부부들은 대부분 서로에게 불만이 없다.

나는 지점에서 직원들에게 다섯 가지 사랑의 언어 중 뭘 제일 중요하게 생각하느냐는 질문을 했을 때 스킨십이 많은 것을 보고 사실 좀 놀라웠다. 나는 인정하는 말을 좋아하는데 남편은 함께 하는 시간을 좋아하는 것을 보면, 사람마다 사랑 표현의 우선순위는 분명 달랐다.

부부가 사랑하는 마음을 제대로 전달하지 못하면 오히려 오해와 상처가 쌓인다. 사람마다 얼굴과 성격이 다르듯 사랑이라고 생각하는 우선순위도 다르다. 이 다섯 가지 사랑의 언어를 보면 다 필요하고 좋은 것이며 나쁜 것은 없다. 스킨십을 싫어해도 아침에 깨울 때 안아주고 손을 꼭 잡아주면 누구나 싫어하지는 않는다.

자신의 사랑의 언어를 확인하는 방법은 다섯 가지 중에 우선순위를 고르는 것이다. 우선순위가 정해지면 내가 제일 원하는, 소중하다고 생각하는 사랑의 언어를 알 수 있다. 부부가 서로에게 물어보면 상대의 사랑의 언어를 알 수 있다.

나는 부부 대화법 강의를 하면서 채프먼 박사가 안내한 부부 각자의 질문테스트 용지를 가지고 체크한다. 실제 성격테스트처럼 질문에 답해 보면 원하는 사랑의 언어 우선순위가 나온다. 결과는 사람마다 다 다르다.

사랑하지만 언어가 다른 두 사람, 사랑하지 않기 때문이 아니라 서로 원하는 것을 소통하지 않았기 때문이다. 결국은 소통이 사랑을 만들고 소통이 사랑을 지속시킨다. 사랑하는 사람이 있다면 지금 물어보고 대답해 보자. 더 늦기 전에 나의 가장 소중한 사람이 원하는 사랑 표현이 무엇인지 구체적으로 알 수 있을 때, 진정한 마음 터치로 사랑을 키우고 지속시킬 수 있다.

해결하려고
소통하지 마라

부모와 자녀의 소통이 왜 불편하고 생각대로 잘 되지 못할까? 부모와 자녀가 대화를 잘하려면 그냥 들어주는 것만도 좋다. 그런데 부모들은 대부분 내가 어른이니까, 내가 부모니까, 내가 세상을 좀 더 잘 아니까 하고 생각하며 대화가 아닌 문제를 해결하려고 한다.

자녀가 하는 말이나 대화 중에는 꼭 문제가 있거나 그 문제로 해결해 달라는 뜻이 있는 것이 아니다. 그냥 내 기분, 내 마음, 내 상태를 알아달라는 것일 때가 많다. 해결하려는 것은 부모들의 오해와 착각이다. 들어주고 맞장구만 쳐 주어도 소통을 잘할 수 있는데 말이다.

쉽게 할 수 있는 대화를 부모라는 이유로 어렵게 만든다. 자녀들이 잘못한 것은 기분의 실망이지 인생 실패가 아닌데 말이다. 자녀들에게서 공부하기 싫어요, 학교 가기 싫어요, 밥 먹기 싫어요, 이런 이야기만 나오면 부모는 대부분 하늘이 무너지는 것처럼 분노가 차오름을 느낀다.

사실은 아이들은 왜 학교에 가야 되고 왜 공부해야 되고, 왜 밥을 잘 먹어야 되는지 너무 잘 알고 있다. 단지 그런 마음, 그 기분을 알아달라는 것이다. 부모니까 투정을 부리는 것이고 기대고 싶은 마음, 위로받고 싶은 마음이다.

그때 부모는 세 마디만 하면 된다. "그래, 그렇구나, 그럴 수도 있지." 물론 그 상황에서 너그럽게 이 세 마디조차도 하기가 쉽지 않다. 얼마나 세상이 힘들고, 힘들게 노력해서 너를 키우고 있는데 하고 화부터 나기 때문이다.

나는 감정코칭을 공부할 때 청소년의 뇌에 대해 알고 내 아이들에게 미안한 마음이 들었다. 청소년의 뇌는 완성이 아닌 아직 "공사 중이다."라는 것이다.

미국의 뇌 과학자 폴 매클린은 인간의 뇌는 파충류의 뇌, 포유류의 뇌, 영장류의 뇌로 부르는 삼위일체 뇌라고 했다.

파충류의 뇌는 주로 호흡, 심장박동, 혈압, 체온조절을 하고 생명을 유지하는 일을 한다. 주로 뇌간을 말한다.

포유류의 뇌는 감정, 식욕, 성욕, 단기 기억 등을 담당하고 있고 주로 변연계에 속한다.

영장류의 뇌는 기획, 충동조절, 이성적 판단을 담당해 행복을 느끼게 한다(주로 전두엽을 말한다).

청소년들의 뇌는 아동의 뇌나 어른의 뇌와는 다르다는 것이다. 전두엽이 사춘기 때 대대적인 리모델링에 들어간다는 사실이 밝혀졌다. 건물 리모델링을 할 때 건축 자재가 늘어져 있고 여기저기 부서진 곳도 있듯이 사춘기의 엉뚱한 행동이나 말투가 어른이 이해하기가 힘들다는 결과이다. 청소년들의 뇌를 잘 이해한다면 변덕을 떨거나 잠을 너무 많이 자거나 감정의 기폭이 심한 것을 이해해야 한다. 대부분 남자는 27세~30세, 여자는 24세에 전두엽이 완성된다고 한다. 청소년은 뇌가 아직 공사 중이기 때문에 더욱 정체성에 대해 고민하고 흔들릴 수 있다.

"엄마, 나 대학을 잘못 간 거 같아요. 공대가 나하고 맞지 않아요. 다니기 힘들어요. 학교 그만두고 재수해서 다른 대학 가고 싶어요." 대학교 2학년인 딸아이는 갑자기 학교를 그만두겠다고 했다. 나의 첫 마디는 "미쳤니? 제정신이야?"였다. 지금 생각하면 너무 무식한 엄마의 대답이었다. 나는 결국 딸을 설득했고 적성에 맞지 않는 학과를 딸은 가까스로 졸업했다.

미안하고 후회스럽다. 아니, 반성하고 있다는 표현이 맞다. 나는 딸에게 진심으로 사과했다.

나는 딸아이와 가끔 손을 잡고 산책을 하고 서점도 가고 영화도 본다. 친구가 없는 외로운 딸의 친구가 되어주기 위해서다. 또래 친구가 아니어서 내내 마음이 아프고, 아픈 손가락이다. 그저 말수가 적은 딸의 기분에 공감하고 인정하고 힘듦에 같이 머물러 준다. 시간이 갈수록 조금씩 밝아진 딸을 보면 요즘 기운이 난다.

결론은 공감이다. 잘 생각해 보아라. 부모는 청소년 시기에 어땠는지, 순종만 하고 부모의 마음에 꼭 드는 자녀였는지 말이다. 청소년의 뇌는 공사 중이라는 사실을 알고 있다면 이제부터라도 모든 대화를 결론짓고 해결하려고 소통하지 말자. 다른 부모들이 나처럼 후회하는 부모가 되지 않았으면 하는 바람이다.

자녀의 불만이 있으면 있는 대로, 감정의 변화가 심한 대로 인정하고 공감해 주자. 공감만이 진정 자녀의 모든 걸 해결해 줄 수 있는 소통임을 기억하자. 공감은 상대가 원하는 마음에 함께 머물러 주는 것이다. 잘 공감해 주는 부모가 마음 소통을 잘하는 부모가 될 수 있다.

유산이 된
부모의 말

남편과 유산에 대해 대화를 한 적이 있다. 우린 서로 부모님께 받은 유산이 없지만 우리 아이들에게는 어떤 유산을 남겨줄까? 답은 이미 나와 있었다. "우리 부부가 성실하게 살고 있는 부모의 삶을 물려주자!" 우린 서로 공감했다. 나는 큰 여유도 없지만, 좀 더 여유가 있으면 좋은 일에 더 쓰고 싶다고 했다.

나는 딸이 여섯, 아들 한 명이었던 집의 넷째 딸이다. 경찰관을 했던 아버지 밑에서 자랐고 어렸을 때 동네 사람들에게 "박 형사 딸이구나."라는 말을 많이 들었다. 아버지는 멋쟁이고 유쾌하셨다. 독서도 많이 하시고 서예도 하셨다. 무척이나 딸들을 예뻐하셨고 요즘 말로 쿨 하셨다. 재미있고 유쾌한 성격 때문에 사람들에게 인기가 좋은 아버지였다.

초등학교 3학년 때의 일이다. 언니들은 6학년, 중학생, 고등학생으로 줄줄이 있었고 동생들은 1학년과 5살 막내가 있었다. 식사를 할 때면 항상 밥상이 두 개였고, 오빠는 아버지 상에서 밥을 먹을 수 있었다. 반찬이 달라 부러웠던 생각이 난다. 아버지가 숟가락을 들기 전에 숟가락을 들면 안 되었고 무릎을 꿇고 밥을 먹었던 기억이 난다. 아버지는 유쾌하시지만 예절 기준이 확실하신 분이셨다.

한번은 식사 후에 한문이라곤 한 자도 알지 못하는 동생과 언니, 나까지 셋을 앉혀놓고 초록색 작은 칠판에 글씨를 쓰셨다. 出必告 反必面(출필고 반필면). 이 말을 얼마나 많이 보고 들었는지 한자 한 자 지금도 눈에 선하고 똑똑히 기억한다. 그 내용은 밖에 나갈 때 부모님께 "나는 오늘 무슨 일로 어디로 나갔다 오겠습니다." 인사를 반드시 하고 돌아와서는 "잘 다녀왔습니다."라는 인사를 부모님께 꼭 하라는 말씀이셨다. 이것이 예의이고 효도라고 수없이 가르치셨다.

나는 이 글의 진정한 의미를 자식을 키우면서 깨닫게 되었다. 또한 아버지는 딸들에게 항상 기운 나는 긍정의 말을 많이 해 주셨다. "우리 딸이 최고야. 정말 똑똑해. 다~ 잘하네, 네가 제일 예쁘다, 취직도 잘 될 거야, 좋은 신랑을 만날 거야, 부자로 잘살 거야, 좋은 일도 많이 할 거야, 뭐든지 해 봐라."

그래서인지 초등학교 때부터 우리 집 딸들은 글짓기 대회, 그림 대회, 웅변대회, 독창 대회 등 모든 걸 경험하게 해 주셨다.

그땐 내가 정말 잘해서 그런 줄 알았다. 그런데 이상했다. 취업이 안 됐을 때, 남자친구가 없을 때, 결혼해서 힘들었을 때 아버지의 말씀이 항상 떠올랐고 나에겐 큰 위로가 되었다. 어렸을 때 인정을 많이 해 준 말이 나에게 독하게 각인되어 정말 그 말을 믿고 살고 있었다.

부모님의 말이 평생을 살게 하는 힘이 되는 말이었다. 아버지는 시골에 가난한 사람들 대상으로 백 명이 넘게 무보수로 주례를 해 주셨다. 아직도 그 사진첩이 있다. 교도소에 들어간 돈 없고 힘없는 사람들을 많이 도와주셨다. 명절이면 새 운동화와 털신을 50켤레씩 사서 힘든 사람에게 나누어 주셨다.

조용한 어머니는 묵묵히 아버지를 따라 도와주며 함께하셨다. 현재 우리 집 딸들은 결혼해서 큰 부자가 아니어도 각자 봉사활동을 열심히 하고 산다. 부모님의 삶, 부모님의 말이 유산이 된 것을 실감한다. 내가 12년 동안 봉사단체를 운영하고 봉사 강의를 하는 것도 다 부모님의 유산을 받는 것이라는 생각이 든다.

유산 때문에 싸우고 법정다툼을 하고 살인을 하는 소식을 뉴스나 TV에서 볼 때마다 마음이 아프고 씁쓸하다. 그렇게 물질을 많이 남겨줘서 그 가족과 후손들이 정말 행복하게 잘 살까? 세월이 지나도 그 유산을 기억하며 부모님께 눈물 나게 감사할까? 생각해 볼 문제이다. 자녀에게 물려줄 것은 돈이 아니라 돈에 대한 올바른 가치관이다.

이제는 우리나라도 봉사하고 기부하는 문화가 많이 형성되었다. 봉사하고 기부하는 사람들이 주위에 너무 많다. 솔선수범하는 멋진 연예인들에게도 나는 가끔씩 감동한다. 감사하고 고마운 일이다.

법상 스님 말씀이 생각난다. "부자보다는 잘~ 사는 사람이 돼라!"이다. 잘 사는 것은 부모가 자식에게 물질적 유산을 남기는 것보다, 부모의 철학과 삶에서 얻은 긍정의 삶과 말을 남기는 것이다.

당신은
나날이
좋아지고 있어

스스로 답해 보는 마음터치 TEST
- 가족 소통

1. 자녀에게 주로 하는 말은 무엇인가?

2. 자녀를 꾸짖을 때 어떤 말을 사용하는가?

3. 자녀를 어떤 때 칭찬하고, 자녀에게 배울 점은 무엇인가?

4. 당신은 자녀에게 어떤 부모라고 생각하는가?

5. 하루에 몇 분씩 배우자와 대화하고 있는가?

6. 자녀 친구의 이름을 몇 명이나 알고 있는가?

7. 자녀가 가장 듣고 싶은 말이 무엇인지 알고 있는가?

8. 만약 당신의 자녀가 왕따를 당하고 있다면 어떻게 대화할 것인가?

9. 배우자를 다른 사람과 비교하는 말을 얼마나 자주하는가?

10. 당신의 꿈을 가족에게 말해보았는가?

Part 3

존중하고
존중받는
관계 소통

세상에서
가장 힘든 일

팀장을 할 때 내 책상 앞에는 한 개의 글이 적혀 있었다. 생텍쥐페리의 『어린왕자』에 나오는 "이 세상에서 제일 힘든 일이 무엇이니?"라는 글이다.

"세상에서 가장 어려운 일이 뭔지 아니?

흠. 글쎄요, 돈 버는 일? 밥 먹는 일?

세상에서 가장 어려운 일은…

사람이 사람의 마음을 얻는 일이란다.

각각의 얼굴만큼 다양한 각양각색의 마음을…

순간에도 수만 가지의 생각이 떠오르는데,

그 바람 같은 마음을 머물게 한다는 건 정말 어려운 거란다.

정말 그런 것 같아.
사람이 사람의 마음을 얻는 것만큼 힘든 일은 없을 거야…
내가 좋아하는 사람이 나를 좋아해 주는 건 기적이란다."
―『어린왕자』중에서

보험영업 조직에서 팀장을 하는 것은 거의 세상과 싸우는 일만
큼 힘이 들었다. 특히 각기 다른 직업을 가졌던 사람들이어서 개
성이 너무 달랐다. 팀 안에는 가장의 남자들과 꼭 돈을 벌지 않으
면 안 되는 주부 가장이 있었고, 대부분 다니던 직장을 그만두고
자신에 대한 도전을 위해 입사한 사람들이었다.

그들을 관리하는 내 책임은 마치 손과 발에 족쇄를 채운 것처
럼 무거웠다. 너무 힘이 들어 한때는 과로와 스트레스로 병원에
입원을 하게 됐다. 너무 힘들 때 두 가지 길에서 나는 선택해야
했다. 하나는 내가 팀장 일을 그만두는 것이고 하나는 이 팀을 최
고의 팀으로 만들어 성공 시키는 것이었다. 난 당연히 후자를 선
택했고 내 능력과 열정으로 잘될 줄 알았다. 큰 착각이었다.

영업은 실적을 내야 하는데 일단 한마음이 되지 않았고 힘들다
는 소리만 여기저기서 튀어나왔다. 밤새 연구하고 머리를 굴려
전략을 세우고 비즈니스 방법과 상품의 콘셉트, 화법, 상품의 메
리트를 강하게 교육시켰지만 성과는 너무 미비했다.

난 그때 알아차렸다. 나 혼자는 너무 힘든 일이었다. 함께 무거운 돌을 들어야 한다면 마음이 먼저 하나가 되어 힘을 합쳐야 한다고 마음을 다잡았다. 나는 14명의 팀원과 실적을 내기위한 많은 토론을 하고 다시 4팀으로 나누어 팀장을 뽑고, 모든 팀원을 간부화 시켰다.

혼자 하기 힘든 영업의 아이디어는 많이 쏟아져 나왔다. 의사 담당 재무 설계 팀, 학교 선생님 전문 팀, 주부 대상 팀, 젊은 직장인 팀으로 나누어 3~4명씩 함께 일하게 했다. 성과는 조금 있었지만 이것도 오래가지 못했다.

팀원들은 바로 계약의 성과가 없으면 시들해지고 말았다. 그래! 함께하는 세미나를 해 보자. 나는 본부로 올라가 홍보물품, 타월과 볼펜, 브로슈어를 협찬 받아왔다. 약사회 보수교육 현관 앞에 부스를 차려놓고 정보를 받고 회사 홍보를 했다. 약사 51명의 펙트를 받아냈고 1:1 맨투맨 상담을 통해 시간이 걸렸지만 결국 많은 계약으로 이루어졌다.

또한 주부들을 모아 우아한 식사 대접을 하고 음악심리 교수를 초청해 강의하고 팀원에 있는 성악 교수가 노래를 하고 회사 소개와 상품 설명회를 갖고 약간의 성과를 올렸다.

여러 가지 방법을 시도하는 가운데 팀원들의 사기는 올라갔고 성과는 성공적이었다. 하지만 더 중요한 건 이번 한 달 성공이 아니라 한 사람 한 사람이 계속 도전할 수 있는 마음가짐과 열정이었다.

　시간을 정해 놓고 나는 한 사람씩 날마다 개인 면담을 했다. 몸이 아픈 이야기, 남편과 소통하지 못하는 이야기, 자녀들 이야기, 대출 이야기, 힘든 고객 이야기 등등 나는 그들의 이야기를 날마다 들어 주었다. 더 잘해보려는 마음이 있기에 그들 스스로 결론과 답을 찾아냈다.

　그 과정에서 내가 한 일은 잘 들어주고 인정하고 마음을 알아주는 것뿐이었다. 그 결과 놀랍게도 나는 세상에서 제일 힘든 팀원들의 마음을 얻었다. 진실하게 마음을 열고 대화를 하니 서로를 이해하게 되었고 성과도 좋았다.

　『능력 있으면 성공하는 줄 알았다』란 책을 쓴 독일의 마리온 크나츠는 직장에서 성공 가도를 달리는 사람과 평소 불평, 불만이 많은 사람의 행동이 어떻게 다른지를 분석했다. 놀랍게도 업무처리 능력이 전부가 아니었다. 성공을 좌우하는 요소는 의사소통에 집중되어 있었다.

　나는 부족한 팀장이었다. 하지만 팀원들은 미안할 정도로 "한 번 해 봅시다. 할 수 있어요." 말하면서 긍정에너지를 나에게 주었고 서로 좋은 팀워크를 이루며 신나는 회사 생활이 되었다.
　가장 행복했던 것은 한마음으로 일했다는 것이다. 1등의 운이 찾아온 건 함께한 공이었다.

　　누구에게나 일하면서 크고 작은 힘든 벽들과 마주한다. 하지만 함께하면 뭐든 할 수 있다. 담쟁이처럼 그 벽을 함께 넘겠다는 의지와 용기만 있다면 넘지 못할 벽은 없다. 마음의 벽은 내 마음에 있다. 내 마음의 벽을 넘을 수 있는 최선의 방법은 함께 마음을 열고 소통하는 것이다.

　　혼자 하려고 하면 할 수 있는 일이 거의 없다. 함께했을 때 세상에서 가장 힘든 일도 이룰 수 있고 성공이 가능하다. 그 성공의 밑바닥엔 먼저 사람의 마음을 얻는 소통이 있다.

당신과 함께하면
힘이나요

죽은 말!
살아 있는 말!

　사람과 동물의 차이점은 무엇일까? 동물들도 동물 나름의 소통을 하고 있다. 하지만 인간은 생각과 철학이 있으며 감정이 실린 의사소통을 한다.

　말에도 씨가 있다. 좋은 말은 입에서 나오는 말의 씨다. 말의 씨앗은 땅에 떨어져 새싹이 나고 열매를 맺는다. 하지만 험담과 남의 말을 하는 사람들의 말은 뾰족한 깃털이 되어 날아다니다가 누군가에게 꽂힌다. 어떤 때는 자기 자신에게도 그 깃털이 돌아와 꽂힌다. 상처가 나고 아물지 않을 때도 있다. 남의 험담을 하는 사람은 죽은 말을 하는 것이다.

"말이 당신의 입속에 있는 동안은 당신이 말의 주인이지만, 말이 일단 입 밖으로 나가버린 후에는 당신이 그 말의 노예가 된다."는 유태인의 철학처럼 스스로 말의 노예가 되면 안 된다. 말의 노예가 되는 것은 죽은 말을 많이 하는 사람들이다.

죽은 말은 상대방을 기분 좋게 하지도 못하고, 자기 자신도 유쾌하지 않은 험담이다. 험담하는 순간 속이 시원할지는 모르지만 말이다.

험담을 하는 사람들은 몸이 바쁜 게 아니라 입이 가장 바쁜 사람들이다. '내가 그런 말을 안 했는데 했다고 하네.' 하며 속상해하고 삼자대면을 하는 사람을 보았다. 그런데 그런 사람들은 자주 그런 일이 발생한다. 험담이 습관화되어 있기 때문이다.

자식을 키우는 어른들은 자녀나 청소년들에게 "너는 말투가 왜 이래?" 하면서 질책한다. 말하는 모습이 예쁘거나 공손하지 않다는 이야기다. 그러나 선생님, 목사님, 신부님, 스님, 이분들의 말은 말의 씀씀이가 좋다는 뜻으로 말씀이라고 한다.

적어도 이분들은 많은 사람을 위해 죽은 말 즉 험담이 아닌 살아 있는 말을 하고 계신 분들이다. 곰곰이 생각해 보자. 내가 지금 주로 하고 있는 말이 어떤 말인가? 자주 남의 험담 이야기를 하고 있다면 죽어 있는 말을 하는 사람이다.

나는 사적인 모임에서 별로 마음에 들지 않는 사람이 있었다.

하지만 한 달에 한 번씩 만나는 모임이라 어쩔 수 없이 만나야 했다. 불편했지만 그 사람의 장점을 보려고 노력하니 어느새 장점이 보였다. 정확한 사람이고 책임감도 강한 사람이었다. 나는 "모든 일에 정확한 분이시라 사업도 잘하시는 것 같아요!"라고 말했고 자주 인정하는 말과 칭찬을 했다.

나의 살아 있는 말의 힘은 분명했다. 그 후로 불편한 감정 없이 모임에서 더 좋은 사이가 되었다. 살아 있는 말은 사람을 얻게 했다.

가끔은 나도 모르게 험담을 하고 싶을 때가 있을 것이다. 그때는 다시 한번 자신의 마음을 다잡고 차라리 남의 험담이 아닌 자기 자신의 이야기를 하면 된다. 공교롭게 남의 험담을 들어야 할 상황이라면 들어주는 사람은 화제를 자연스럽게 다른 쪽으로 돌리는 게 좋다. 험담을 하는 사람들은 "그렇구나!" "그래요?"라고 대답만 해도, 같이 동조했다고 하며 다른 사람에게 "그 사람도 내가 맞다."고 했다며 말을 또 옮긴다. 그래서 죽은 말을 하는 사람들에게는 "나는 잘 모르겠는데, 글쎄!" 이 정도면 충분하다.

세 살 먹은 아이가 TV를 보다가 국회의원들이 나오니까 "아빠! 저 새끼들 또 나왔어!"라고 말을 했다고 한다. 그것은 분명 평소에 아빠가 아이 앞에서 많이 했던 말이다. 웃지 않을 수 없다. 그래서 씨가 되는 말을 아이 앞에서 조심해야 한다.

살면서 죽은 말을 한 적이 많다면 앞으로는 차라리 침묵하는 게 좋다. 침묵하는 동안 생각과 기분이 바뀐다. 침묵을 배우면 상대방을 더욱 공감할 수 있고 진중하게 말하게 된다.

살아 있는 말은 서로에게 에너지와 힘을 주는 말이다. 살아 있는 말이 많아지면 생동감 넘치는 가정과 직장, 사회가 된다. 살아 있는 말은 이런 말들이다.

* 칭찬해 주는 말
* 웃으며 인사하는 말
* 인정해 주는 말
* "그렇구나!" 공감해 주는 말
* "힘들지!" 하는 말
* 감사하는 말
* "잘 될 거야!"라는 말

살아 있는 말들이 당신의 인생을 더 생생하게, 살아 있게 만들어 준다.

내가 듣고 싶은 살아 있는 말! 내 앞에 있는 사람에게 지금 해 보자.

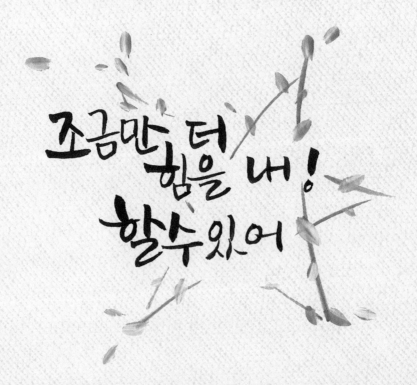

추억은
또 하나의 소통이다

　미국에 살고 있는 쌍둥이 친구가 있다. 여고 동창인 이 친구들은 고등학교를 졸업하고 부모와 함께 미국으로 이민을 갔다. 세월이 많이 흘렀지만 몇 년에 한 번은 전주에 있는 우리 집을 찾아 준다. 잘해 주는 것은 별로 없지만 마음 편하게 쉴 수 있게 해 주는 것이 내가 하는 배려이다. 40년이 지나도 잊지 않고 찾아주는 친구가 반갑기만 하다. 결혼을 하지 않고 선교사 생활을 하는 이 친구는 여고 때 순수함이 그대로 남아 있었다.

　처음에 이 친구는 결혼도 안 했고, 아이도 없으니 이 친구와 내가 할 수 있는 대화가 없을 거라 생각했다. 그런데 이 친구는 놀랍게도 36년 전, 내가 미국으로 보낸 편지와 그때 사진을 모두 가져왔다. 내가 보낸 편지뿐만 아니라 다른 친구들이 보낸 빛바랜 편지를 잘 보관해 놓고 있다가 다 가지고 한국에 왔다. 여고 시절에 찍은 사진도 앨범으로 만들어 한국까지 가지고 왔다. 그 편지를 읽으니 쑥스럽고 웃음이 나왔다. 미국에서 무거운 짐과 번거로움을 감수하고 오랜 친구들의 추억을 가져온 것이다.

사실 바쁘게 살다 보면 잊고 사는 게 어릴 적 추억이다. 나는 친구 덕분에 40년 이상 만나지 못했던 짝꿍 친구도 만날 수 있었다. 우리는 그 시절로 돌아가 수다를 떨었다.

"그때 너는 시를 잘 썼어, 그때 너는 노래를 잘했어, 그때 너는 추수감사절 합창경연대회 지휘를 해서 우리 반이 일등 했어. 호호, 하하, 그래, 그래." 새록새록 행복한 기억들이 설레었고 흥분되었다.

오랜만에 만난 친구, 다른 나라에서 살고 있는 친구는 소중한 추억을 가져왔고 다른 삶이지만 시간을 뛰어넘는 마음을 열고 통할 수 있는 편지를 가져왔다. 고마웠다. 할 이야기가 없을 거란 내 선입견이 한 방 얻어맞은 기분이었다.

그렇다. 친구는 멀리서 친구들과 편지로 소통하며 살았다! 그 편지가 친구에게는 너무 소중하고 자신의 삶에 큰 부분이고 의미였다. 직장 다니고 아이들 키우느라 오랜 친구와 추억을 묻고 산 지 오래된 나에게 신선한 기쁨을 준 셈이다.

소녀 감성을 가진 친구는 한국에 오면 거리와 건물들이 변했지만 여고시절 학교와 자신이 다녔던 교회를 꼭 찾아간다. 수소문을 해서 한 명의 친구라도 더 만나고 가려고 애를 쓴다.

나에게 소소하지만 누군가에는 전부일 수 있는 삶이 있다는 걸 알았다. 가는 곳마다, 만나는 친구마다, 먹은 음식마다 많은 사진을 찍는 친구를 보며 처음에는 애들처럼 웬 사진인가 했다.

이해할 수 없었지만 이제는 그 마음을 알 것 같다. 나 또한 어쩌다 한 번 좋은 여행을 다녀오면 그 추억과 행복으로 일 년이 즐거웠던 생각이 난다.

그 친구는 헤어질 때 자신이 만든, 작은 컵 받침과 목걸이를 선물로 주고 간다. 남편과 아이들에게 편하게 잘해줘서 고맙다, 덕분에 편히 놀다가 간다는 내용의 귀여운 엽서도 남기고 간다. 참 예쁘게 사는 쌍둥이 친구들이다.

멀리 있다고 해서 마음이 멀어지는 건 아니다. 몇 년에 한 번 만난다고 해서 통하지 않는 것은 아니었다. 공감하는 추억과 이야기가 있는 한 언제든지 마음 소통을 할 수 있다.

내 안의 소녀를 다시 불러내 준 고마운 친구이다. 추억은 또 하나의 소통이다. 36년을 간직해 한국까지 가져온 미국 친구 편지가 가슴에 오래 남는 추억 소통이다. 나이를 먹어도 순수함을 잃지 않는 친구가 있어 참 감사하다. 나태주 시인의 추억의 시가 떠오른다.

「추억」

어디라 없이 문득

길 떠나고픈 마음이 있다

누구라 없이 울컥

만나고픈 얼굴이 있다

반드시 까닭이 있었던 것은 아니다

분명히 할 말이

있었던 것은 더욱 아니다.

푸른 풀밭이 자라서

가슴속에 붉은

꽃들이 피어서

간절히 머리를 조아려

그걸 한사코

보여주고 싶던 시절이

내게도 있었다.

누구나 추억은 있다. 그 추억이 언젠가 마음을 터치하고 서로
통할 수 있는 더 좋은 미래를 약속한다.

'칭찬 릴레이' 아침 미팅

대부분 회사나 학교, 기업 모든 곳에서 아침 세션, 아침 조회, 아침 미팅을 한다. 팀장과 지점장을 할 때 12년 동안 나는 아침 미팅을 해야 했다.

그 많은 시간을 잘해보기 위해 수많은 동기부여 책도 보고, 동영상도 찾아보고, 노력을 했다. 책을 좋아하는 나는 토요일 아침이면 아무도 없는 지점에 출근해 오전에 책 한 권을 매주 읽을 수 있었다. 책을 읽고 나서 항상 '이 책을 읽지 않았으면 어쩔 뻔했어!' 하는 게 내 소감이었다. 책 내용을 노트 정리하자 3권의 나만의 노트가 되었다. 그 노트는 아침 세션을 위한 노트였고 책을 쓰는 데도, 나에게도 큰 도움이 되었다.

내가 제일 좋아하고 주로 했던 아침 미팅은 칭찬 릴레이였다. 다른 설명이 필요 없다. 그냥 옆에 앉아 있는 동료에게 계속 돌아가면서 그 사람에 대해 칭찬을 해 주는 것이다. 그런데 나는 칭찬하는 말에 조건을 달았다. "예쁘네요. 좋은 사람이에요. 멋지네요." 같은 두루뭉술한 칭찬을 하지 말고 구체적으로 칭찬할 것을 요구했다.

처음에는 서로 어색해하다 보니 잘 되지 않았고 칭찬의 말은 단 한 마디가 전부였다. 그런데 그 칭찬 한 마디에도 서로의 기분이 좋아지며 다 웃고 있었다.

팀장을 할 때 아침 미팅 때마다 너무 웃는 소리가 많이 나서 지점장에게 혼난 적도 있다. "그 팀은 요즘 실적도 안 좋은데 뭐가 그리 좋아서 매일 아침 웃고 떠들고 난리냐."고 했다. 나는 개의치 않고 웃고 신나는 분위기로 일하고 싶어 계속 그렇게 했다. 윗사람 입장에서 보면 그렇게 느낄 수도 있다고 생각했다. 속이 없어 보였을 것이다.

보험 영업을 한다는 것은 거의 날마다 새로운 고객을 만나서 상담을 하고 새로운 계약을 해서 결과를 내야 하기 때문에 아침 미팅 분위기는 특히 중요하다. 나는 3년 동안 실제 영업을 해 봤기 때문에 팀원들의 마음을 너무 잘 알았고, 아침 시간만큼은 항상 기분 좋게 웃고 시작하고 싶은 의도가 있었다.

1년, 2년 시간이 지날수록 서로에게 칭찬은 자연스러워졌고 칭찬의 구체적인 말이 늘어났고 칭찬받는 사람의 어색함도 없어졌다. 모두 기분 좋아했다.

"영업은 인간관계를 넓히는 최상의 직업이다. 모든 비즈니스가 영업이다. 결국은 멘탈 싸움이다! 머리보다 발이 빨라야 한다. 영업을 잘하면 무슨 일이든 잘할 수 있다! 삶이 영업이다." 동기부여를 위해 내가 주로 했던 말들이다. 하지만 그 어떤 동기부여 말보다 칭찬 릴레이 아침 미팅은 팀원들에게 긍정 에너지를 주었다. 아침 미팅은 웃을 수 있고 기분이 좋아지는 업이 되는 칭찬과 자기 자랑을 하게 했다. 자기 자랑은 자존감을 높이는 데 도움이 되었다.

항상 결과를 내야 하는 조직이기 때문에 저녁에 하는 상담은 달랐다. 수많은 고객에게 상처 받은 사람, 자존심 상하는 말을 들은 사람, 약속을 했다가 바람맞은 사람, 계약을 하지 못해 실망하고 돌아온 사람, 그들에게 필요한 것은 공감의 말이었다. "오늘 힘들었죠. 기분 괜찮아요? 아픈 데는 없어요? 고생했어요. 애쓰셨어요." 회사로 돌아온 직원들에게 필요한 것은 위로의 말이었다.

일하고 회사로 돌아온 직원들에게 저녁에는 들어주고 공감하고 위로하는 말이 최고의 상담이었다. 어느 때는 직원과 같이 책상에 마주 앉아 눈물을 흘릴 때도 있었고 안아 준 적도 많다. 엄마가 딸을 보고 있는 느낌, 딸과 대화하는 아픈 마음이었다.

직원들이 많이 지치고 피곤할 텐데 필요한 간식거리로 뭘 준비해주면 기분이 좋고 힘이 날까? 나의 고민은 소소한 것이었고, 한 사람 한 사람의 개인적인 영업 성향을 인정하는 것이었다. 각자의 상황에 맞는 대화를 하고, 생일에는 그 사람 성격에 맞는 각자의 책을 골라 글을 써 주었다. 내가 마음을 써주는 것만큼 직원들은 내 마음을 잘 알아주었다.

회사는 수익을 내야 하는 곳이기에 그럼에도 불구하고 가끔씩은 나도 모르게 강한 어조와 질책을 하기도 했다. 질책이나 충고를 할 때는 하고 싶은 말이 많아도 참고 한 가지만 이야기했다. 그럴 때 마음 아픈 건 상대보다 항상 나였다.

좋은 말, 따뜻한 말을 하고 싶은 나의 마음과 다르게 영업 실적표를 가지고 상담을 하면 가슴을 찌르는 말을 나도 모르게 하기 때문이다. 지금이라도 말하고 싶다. 나의 말로 인해 상처 받았거나 마음이 아팠던 사람들이 있다면 진심으로 사과한다고 말이다.

"당신과 함께한 시간 모두 눈부셨다. 날이 좋아서, 날이 좋지 않아서, 날이 적당해서 모든 날이 좋았다."
도깨비라는 드라마에서 나온 대사다.

한마음으로 소통할 수 있었던 모든 날이 좋았고 감사하다. 직장의 리더들이여! 아침 미팅은 반드시 칭찬으로 시작해 주길 바란다.

폭포는
압력이 세다

　2017년 8월 나는 저소득층 아이들, 보육원 아이들 18명과 사랑 나눔을 통해 4박 5일 필리핀 마닐라를 다녀왔다. 대부분은 해외여행을 처음 가 본 아이들이었다.

　일정 중에 팍상암 폭포를 가게 되었다. 젊은 사람부터 나이 드신 할아버지까지 좁은 물길을 따라 보트를 밀고 거꾸로 올라가는 힘든 코스였다. 관광객으로 앉아서 보기에 미안했다. 일하는 사람들이 너무 힘들어 보여 나는 주위 경치가 눈에 잘 들어오지 않았다. 마음 아픈 상황이었다.

　팍상암 폭포에 도착해 폭포에서 떨어지는 물을 맞으며 밑으로 배가 지나가는 경험을 했다. 물길이 너무 세서 헬멧을 쓰고 조끼를 입었지만 허리가 접히는 줄 알았다. 평지를 흐르는 물과 폭포 위에서 떨어지는 물의 압력의 세기는 생각보다 대단했다.

폭포 위에서 떨어지는 물은 유난히 압력이 세고 힘이 있어 갑과 을의 소통과 비교할 수 있다. 소통에도 갑을이 있다. 권위적인 상사의 말은 거의 명령으로, 위에서 압력이 되어 하달된다. 부하직원은 그것을 어기면 불이익을 받을 확률이 높다. 그리하여 진정한 소통이 될 수 없는 게 대부분 갑과 을의 소통이다.

가정에서도 갑을의 소통은 일어난다. 강한 성격을 가진 부모의 말은 거의 명령이고 지시이고 독선이다. 어려서부터 그렇게 길들여진 자녀는 좋은 말로 엄친아가 되거나 탈선하기 쉽다.

"그런 식으로 일하는 사람은 바로바로 회사를 그만두어야죠! 열정이 없어! 열정이."

누가 한 말일까. 직장 상사가 자주 이런 식으로 스트레스를 준다며 나를 찾아온 후배는 자존심이 너무 상해 회사를 그만두겠다고 했다.

말끝마다 상사는 마치 회사를 그만두라는 말투로 직원들에게 빈정대며 말한다고 했다. 아랫사람에게는 함부로 말을 하고 일을 시키면서 정작 사장에게는 손이 발이 되도록 비위를 맞추고 굽신댄다는 것이다. 단 한 번이라도 속 시원하게 받아치고 싶지만 상사이고 갑이라서 불이익을 당할까 봐 한 번도 대구하지 못했다고 했다.

나는 마치 관습처럼 있는 일이라 생각되었다. 상사니까, 선배니까, 나이가 많으니까, 서로에게 매너를 지키고 배려하는 말을 쓰면 더 존경받는 상사가 될 수 있을 텐데 말이다. 답답하고 억울한 상황이다.

하지만 그런 일로 회사를 그만두는 건 잘못이다. 나중에 속상할 수도 있다. 유머로 받아쳐 보는 마음의 여유를 가져라. 또는 힘들겠지만 웃으면서 상사를 칭찬도 해 보고 질문도 해 봐라. "부장님 시키는 대로 하면 정말 열정이 생길까요? 부장님 하라는 대로 하면 제가 회사에 정년퇴직까지 다닐 수 있을까요, 부장님! 회사는 저의 생계이고 저의 소중한 직장입니다." 등등 나는 여러 가지 대답을 했지만, 속 시원한 해결책은 아니어서 안타까운 생각이 들었다.

힘이 센 폭포의 물을 피해 가야 좋지만 어쩔 수 없이 맞아야 할 폭포 물이라면 진정성 있는 대화를 시도해 소통해야 한다. 예를 들면 "부장님! 저는 열심히 일한다고 하는데 부장님 보시기에 답답해 보이셔서 그런 말씀을 하시는 것 같아요. 구체적으로 잘 알려주시면 앞으로 시정하겠습니다. 저는 저희 집안의 가장이고 돈을 꼭 벌어야 합니다. 회사를 그만두라는 말씀은 저에게 너무 큰 상처가 됩니다." 하고 본인의 상황과 심정을 말해야 된다. 사실 알고 보면 말하는 사람은 농담처럼 한 말일 수도 있다. 갑과 을이 존재하는 사회에서 소통의 갑과 을이 없어지기는 힘든 게 아닐까

하는 먹먹함이 몰려온다.

취업포탈 잡 코리아 조사에 의하면 직장에서 언어폭력은 93%가 경험했다고 한다. 아르바이트 하는 학생이 TV에서 인터뷰를 했다.

"나는 그냥 돈을 쓰기 위해 용돈 버는 학생이 아닙니다. 나는 노동자입니다. 생계를 위해, 학비를 벌기 위해 아르바이트 일을 하는 것입니다. 나에게 카드를 던지며 화풀이하지 마십시오. "야!"라고 반말하지 마십시오." 이 학생의 인터뷰가 몇몇 사람에게는 섬뜩했을 것이다.

우리의 실상이다. 아랫사람을 통솔의 수단으로 생각하거나 지배를 해야 한다고 생각하는 것은 어른이나 윗사람의 큰 착각이고 오만이다. 어른의 자격, 상사의 자격은 배려와 존중으로 함께하는 사람들을 위해 더 봉사하는 것이다. 함께 일하는 사람들과 진심으로 소통해야 함께 성장하는 것이다.

고슴도치가 털을 세우듯 아랫사람의 자존심을 건드리면 똑같이 대우받는다. 존중받고 싶은가? 존중받고 싶으면 서로의 인격을 모독하지 말아야 한다. 을의 말을 존중하는 사람이 존중받는 진짜 갑이 될 수 있다. 존중하는 말부터 시작하자.

말로 이기면
속이 시원할까?

　사람들은 프로에게 약해진다. 프로는 미리 준비한 사람이다. 왜 그럴까? 프로들은 자기계발을 위해 자기 분야에 대해 상상을 초월하는 피나는 노력을 한다. 자기와의 싸움에서 지는 일이 없으며 겸손함을 가지고 성실하게 노력한다. 중간에 넘어져도 다시 일어설 용기와 의지가 있다. 자신의 한계를 정해 놓지 않고 땀을 흘린다. 그들은 진정한 땀의 의미를 알기 때문이다.

　어떤 사람들은 대화를 하고 소통을 하면서 자신의 의견을 무조건 주장하고 이기려 하는 사람들이 있다. 상대에게 배려가 없고 자신의 주장이 가장 현명하고 똑똑함을 나타내려 한다. 그들은 듣는 사람이 더 많이 알게 된다는 사실을 잘 모를 것이다.

팀장을 할 때 일이다. 팀원이 잘나가는 사장님을 만나 재무 상담을 하는데 그분은 너무 바쁘시고 좀 힘든 분이어서 자기 혼자서 상담을 못 하겠다고 하며 같이 동행을 부탁했다.

팀장은 팀원이 힘들 때 같이 도와줘야 한다. 그날은 나도 컨디션이 좋지 않은 상태였다. 하지만 팀원의 부탁이니 조그만 화분을 하나 준비해서 사장님을 만났다.

회사 규모도 크고 잘나가는 사장님이 분명했다. 상담을 시작하는데 사장님은 자신이 보험에 대해 너무 잘 알고 있다고 말하며 세금, 재무 설계, 증권분석 등 모르는 것이 없다고 말하였다. 나는 거의 1시간 40분 동안 사장님의 강의를 들었다.

자녀들의 1등 하는 성적 이야기부터 이 회사를 어떻게 창립해 잘나가고 있는지, 자부심과 노력을 녹여낸 자랑이었다. 모든 것이 자신이 넘쳤고 당당하기까지 했다.

팀원은 그동안 그 사장님의 카리스마에 기죽어 말 한마디도 못 했다고 했다. 사장님이 부럽기도 했다. 아니, 살짝 나도 주눅이 들 뻔했다. 눈을 쳐다보며 진지하게 경청했다. 말하는 상황에서 좀 잘못 알고 계신 것도 있지만 말을 끊을 수도 없고 말할 수 없는 분위기였다. 그리고 그 상황에서 지적하는 것은 의미가 없었다. 사장님의 열띤 강의와 주장을 다 듣고 내가 한 말은 3분도 안되었다. 오로지 경청과 맞장구였다.

그 순간 알아차렸다. 이 사장님은 자신의 열정과 주관이 너무 강하고 말로는 '지는 것을 용납 못 하는 사람이구나.' 특히, 설득 당하는 걸 싫어하는 성격임을 파악했다. 나는 짧게 말했다. "바쁘신데, 시간을 많이 배려해 주셔서 감사합니다. 오늘 사장님에게 많이 배우고 갑니다. 사장님께서 사장님 휴먼 밸류에 맞는 연금 금액을 정해주세요!" 사장님은 모든 걸 자신이 결정해야 됨을 이미 느끼신 모양이었다.

그날 나는 월 300만 원 연금계약을 했다. 회사로 돌아오는 차 안에서 팀원에게 말했다. "설계사님, 진짜 프로는 우리야! 사장님이 말로 이겨서 속이 시원했을까? 우리가 더 많이 배우고 돌아가는 거 맞지?" 우린 서로의 손을 꼭 잡고 만족하며 웃었다.

갑이 된 사람들은 을에게 말로도 다 이기려 한다. 부모들은 내가 어른이니까, 자녀들에게 말로 다 우기려 한다. 선생님들은 학생에게 말로 다 가르치려 한다. 곰곰이 생각해보자. 말로 이겨서 고쳐진 게 있는가? 조용히 들어주고 진정으로 공감해 준 사람이 이긴 사람이고 진정한 프로다.

양치기 리더십과
감성 소통

사람들은 리더를 무엇이라고 생각할까! 이끄는 사람, 책임지는 사람, 밀어주는 사람, 존경하는 사람, 성공한 사람, 다 맞는 말이다. 나는 책을 읽는 Reader를 좋아한다.

세상에는 훌륭한 리더들이 많고 기업을 책임지는 사람도 많고 존경할 만한 성공한 리더들이 많다. 나는 리더를 두 가지로 구분했다. 소통하는 리더와 불통하는 리더이다. 왜냐하면 책임지는 사람, 이끄는 사람, 존경하는 사람이 되기 위해서는 아랫사람, 동료, 상사, 고객과 소통이 되어야 하기 때문이고 불통하는 사람은 진정한 리더가 될 수 없기 때문이다.

요즈음 리더십의 대세로 떠오르는 게 감성 리더십이다. 다니엘 골먼의 『감성의 리더십』이라는 책에는 "카리스마, 비전, 전략의 기본은 감성이다. 리더가 무엇을 느끼는지 모른다면 그에게 어떤 힘을 발휘해야 할지도 알 수 없다. 최고의 리더는 부하직원의 호응과 공감을 바탕으로 한 감성 리더십으로 승부한다."고 했다.

즉 리더는 자신과 직원들의 다른 감정에 주파수를 맞출 수 있어야 하고 자기인식, 자기 관리, 관계 관리의 소통이 필요하다는 것이다. 이성으로 합리적이고 과학적인 수치로만 리더의 역할을 할 수 없다는 이야기다. 리더는 타고난 것이 아니라 일을 배우고 함께하면서 만들어지는 것이다.

내가 읽었던 많은 리더십 책 중에 유난히 마음에 남는 책이 있다. 그것은 『양치기 리더십』이다. 이 책은 젊은 기자인 펜텍이 미국에서 가장 존경받는 최고경영자인 제너럴 테크놀로지의 대표 시어도어 맥브라이드를 인터뷰하는 것으로 시작된다. 맥브라이드는 재무 업무와 9명의 부하 직원을 감독해야 하는 데 두려움을 느꼈다. 그는 잭 노이면 박사를 찾아가 사람 관리를 어떻게 해야 되는지를 물었다. 잭 노이면 박사는 주말마다 그를 목장으로 데려가 양들을 보며 7가지 양치기 리더십을 가르치기 시작했다.

첫째는 "양들의 상태를 파악하라." 이는 부하 직원에 대한 지속적인 관심과 소통을 말했다.

둘째는 "양들과 됨됨이를 파악하라." 제대로 된 인재를 선택하라는 것이다.

셋째는 "양들과 일체감을 갖도록 하라." 진정성과 성실성으로 신뢰를 얻으라는 것이다.

넷째는 "목장을 안전한 곳으로 만들라." 직원들에게 정보를 알려주고 항상 관리자의 모습을 보여줘야 한다.

다섯째는 "방향을 가리키는 지팡이가 있어야 한다." 이는 강압이 아닌 회사에서 비전 제시를 할 수 있어야 한다는 것이다.

여섯째는 "잘못된 방향을 바로잡는 회초리가 있어야 한다." 즉 원칙을 지키고 외부 공격자가 있을 때 자신의 직원을 위해 싸워야 한다는 것이다.

일곱째는 "양치기의 마음을 품으라." 직원들을 진심으로 아끼는 마음이 있어야 한다는 것이다.

리더십과 리더의 역할을 명료하고 핵심 있게 설명한 이 책은 내가 직원을 관리할 때 큰 도움이 되었다. 특히 양치기의 마음을 품는 것, 양들의 상태를 파악하는 것. 방향을 가리키는 지팡이는 나에게 꼭 필요한 리더십이고 내가 가치 있다고 믿고 실천했다.

"한쪽 날개만으로 날 수 있는 새는 없다. 가슴과 머리, 감성과 이성이 어우러질 때 비로소 타고난 리더십이 발현된다. 감성과 이성, 이들은 리더가 하늘 높이 비상하기 위해 갖추어야 양 날개

같은 것이다." 아인슈타인은 또한 이런 말을 했다.

"지능을 우리의 신으로 받드는 일이 없도록 주의하십시오. 지능에는 강한 근육이 있지만 인격은 없습니다. 그것은 우리에게 그저 봉사를 할 수 있을 뿐입니다."

결국 감성지수가 높은 사람이 리더십을 발휘한다는 것이다. 감성은 곧 공감 능력을 말하기도 한다. 리더의 말이 먹히지 않고 직원의 말이 리더에게 전달되지 못하는 것은 감성이 부족하고 공감 능력이 부족하기 때문이다. 감성과 공감은 리더십 소통의 핵심이다. 소통을 할 수 있는 리더는 양치기 리더십처럼 감성을 가진 리더이다. 성장과 성공을 원한다면 리더들이여! 양들을 돌보고 살피듯 지금 직원들과 진정한 소통을 하고 있는지 파악해 볼 일이다.

설득의
교훈

수사학의 대가인 아리스토텔레스는 2천 년 전 다음과 같이 설득에 대해 설파했다. 지금까지 세상 사람들에게 큰 교훈이 되고 있다. 설득에는 3가지가 있다.

첫 번째는 사람을 설득하기 위해 감정을 자극해서 마음을 움직이는 감정적 말의 힘이 필요하다고 강조했다. 공감을 해 주거나 잘 들어주는 것으로 친밀감이 좋아지게 한다. 또는 분노, 공포, 슬픔, 연민 등의 감정을 자극해 상대의 마음을 움직일 수 있다고 했다. 이것이 파토스이다. 설득에서 파토스는 30%를 차지한다.

두 번째는 60%를 차지하는 에토스이다. 설득에 대한 인격적인 측면이다. 명성, 신뢰감, 호감 등 설득의 중요성을 강조했다.

세 번째로 10%를 차지하는 로고스는 논리적 근거와 객관적 사실을 말한다고 했다. 아리스토텔레스의 교훈은 사람을 설득할 때 호감, 신뢰감이 얼마나 중요한가를 말했다.

자신을 낮추고 상대방의 입장을 생각하며 진심을 담아 대화하는 것이 인격의 에토스이다. 자신보다는 상대를 배려하는 말투와 진심이 저절로 신뢰감이 들며 이 또한 인격이 된다. 설득의 3가지 요소가 다 중요하다. 감성적인 말은 사람의 마음을 열 수 있는 만큼 힘이 세고 강하다. 그렇다고 신뢰감, 호감이 갖는 인격을 무시할 수 없고 논리적 사실도 중요하기 때문이다.

회사에서 다른 의견으로 직원을 설득해야 했다. 나는 급한 마음에 팩트를 가지고 꼼꼼히 설명하고 설득했지만 설득되지 못했고 결국은 직원의 마음을 알아주고 인격적으로 공감했을 때 쉽게 설득되었다. 사람은 눈을 뜨는 순간 작은 것부터 큰일까지 선택하고 설득하며 살아야 할 일들이 많다. 하물며 자신을 설득하며 일을 해야 한다.

생각이 다른 사람과 대화와 소통을 해야 하는 시대이다. 자녀를 설득해야 되고, 상사와 부하직원을 설득해야 되고, 부모를 설득해야 되고, 고객을 설득해야 된다. 내 마음처럼 설득이 잘 되지 않고 통하지 않을 때 2천 년 전 아리스토텔레스가 교훈으로 남겨준 설득의 3요소를 생각해 볼 일이다.

감정만 가지고도 소통이 되지 않고 이성적 판단만으로 소통이 되지 않으며, 상하 전달의 명성만 가지고도 소통이 되지 않는다. 누구든 설득을 잘할 수 있는 사람이라면 그 사람은 성공할 수 있다. 지식, 지혜보다는 자신에 대한 인격을 잘 갖추고 신뢰하며 상대의 인격을 인정할 수만 있다면 말이다. 설득의 리더십은 서로의 인격임을 다시 한번 강조해 본다.

소통을 잘하기 위해서는 사람과의 거리도 또한 중요하다. 나는 보험계약을 할 때 앞에서 멀리 앉아서 설명할 때보다 고객의 옆에 앉아 자료를 가리키면서 설득했을 때 성공 확률이 확실히 좋았던 기억이 난다.

사회학자 에드워드 홀은 인간의 심리적 거리가 4가지 있음을 밝혀냈다. 친절한 연인관계의 거리는 15~46cm이고 개인적 거리는 46~1.2m인데 각종 사교모임이나 친구모임이 해당된다. 사회적 거리는 1.2~3.6m이다. 낯선 사람과 유지하는 공식적 사회적 담화를 말한다.

공적 거리는 3.6m 이상이며 강의, 연설 등 공공거리에서 하는 연설이 속한다. 사람들이 원하고 좋아하는 심리적 거리를 생각하고 어떤 거리에 앉아 대화하고 소통해야 할지 독자들도 도움이 되었으면 한다.

로마의 위대한 황제였던 마르쿠스 아우렐리우스는 "그가 생각한 대로 그의 삶이 펼쳐진다."라고 말했다. 생각이 그만큼 삶에 중요하다는 것이다.

하지만 나는 "당신이 말한 대로 당신의 삶이 펼쳐진다."고 말하고 싶다. 왜냐하면 평소에 내가 사용하는 말, 하루하루 내가 하고 있는 말들이 당신 자신이고 당신의 인격이 되고 당신의 삶이 되니까 말이다.

먼저 나를 설득할 수 있을 때 남을 설득할 수 있다. 설득은 논리적 근거와 지식보다 사람에 대한 신뢰와 인격이 우선임을 기억하자.

대화하고 싶은
사람의 매력

딸아이가 어렸을 때 함께 시장에 간 적이 있다. 쌍둥이를 보고 할머니와 할아버지가 똑같이 예쁘게 생겼다고 머리를 쓰다듬어 주셨다. 그런데 나이가 많으신 할머니, 할아버지를 보고 "엄마 무서워! 무서워!" 하고 계속 무섭다며 갑자기 울음을 터트려 난감한 적이 있었다. 사실 할아버지는 웃지 않고 계셔서 내가 봐도 조금 무서운 표정이었다.

화가 나지 않았는데 화난 것처럼 무서워 보이는 이유는 무엇일까? 바로 표정에 있다. 나이가 들수록 누구나 피부가 처진다. 특히 입 주위 근육이 아래로 처져서 웃지 않으면 정말 화가 난 것처럼 보인다. 그래서 어린 아이와 젊은 사람들이 나이 많은 어른들과 대화도 하기 전에 표정을 보고 꺼릴 수 있다.

    직장생활, 사회생활을 하다 보면 수많은 사람을 만나 대화하게 된다. 어떤 사람은 분위기를 밝게 하며 기분이 좋아지는 사람이 있고, 어떤 사람은 나에게 잘못한 것도 없는데 대화하고 싶지 않은 사람이 있다. 왜 그럴까? 그것은 상대의 표정이다. 얼굴이 예쁘고 잘생긴 것과는 상관이 없다. 일상적으로 웃는 얼굴을 말한다.

    웃음! 위에 있는 소리, 즉 하늘에서 내려준 소리이다. 하느님께서 우리 인간에게만 주신 특혜이다. 나이가 들수록 잘 웃지 않는 이유는 수많은 생각과 고민, 점잖지 못하다는 과거의 습관과 교육 때문이다.

    대화와 소통을 하기 전에 표정 때문에 거절당한다면 좀 억울하다. 한국인이 잘 웃지 않는 이유에 대해서 엠브레인 트렌드 모니터 조사 자료에 의하면 "한국인 두 명 중 한 명은 감정을 드러내지 않으며 너무 많이 웃는 사람은 가벼워 보여 잘 웃지 않는다가 25%였다. 주로 웃을 때는 예능 프로그램 시청이나 드라마, 영화 감상 때 66.6% 웃는다고 대답했다. 또한 35%가 나라 자체가 잘 웃지 않는 분위기 때문이다."라고 했다. 하지만 웃지 못하는 이유에 대해서 각박한 분위기 탓만 하고 있을 일은 아니다. 웃는 것은 남이 아닌 내가 웃는 것이기 때문이다.

기업에서 Fun(펀) 마케팅, Fun(펀) 리더십을 추구하고 있다. 나는 영업을 할 때 고객을 만나야 하기 때문에 조금 두려웠다. 그래서 도움이 될까 해서 웃음치료 1급 자격증을 취득하며 웃음에 대해 공부하게 되었다.

웃음치료란 개인에게는 신체, 심리, 정신, 문화적인 역기능을 치료하고 가족과 사회에서는 평안과 행복, 병원과 복지시설에는 치료의 효과가 있다. 80세 어르신의 인생을 회고해 보니 잠자는 데 26년, 일하는 데 21년, 식사하는 데 6년, 기다리는 데 6년, 웃는 데 겨우 22시간이었다.

100세 시대에 웃지 않고 산다는 것은 스스로 불행을 자초하는 것이다.

독일의 정신과 의사 미하멜 티체 박사는 "웃음이 스트레스를 진정시키고 혈압을 낮추며 혈액순환을 개선하고 면역체계와 소화기관을 안정시킨다."라고 발표하였다. 그 이유는 웃을 때에 통증을 진정시키는 엔도르핀 호르몬이 분비되기 때문이다. 결론적으로 웃음은 암도 치료한다는 것이다. 미국의 하버드 대학에서는 "유머치료"라는 주제로 심포지엄이 열리고 각 병원에서는 암 치료, 고혈압, 심장병, 정신적 스트레스 등 치료에 이용되고 있다.

웃음은 정신적 조깅이라는 말도 있다. 행복하고 싶다면 바보처럼 웃어라. 웃으면 복이 와요. 웃어야 웃을 일이 생긴다. 중국의 속담에 "웃지 않으려면 비즈니스를 하지 말라."는 말이 있다. 우리나라 속담에도 "웃는 얼굴에 침 뱉으랴." 하는 속담이 있듯이 웃는 사람에게 한마디라도 대화하고 싶은 게 사람의 마음이다. 인간관계에서 불안과 긴장을 제거해 주고 기분 좋은 관계를 만들어 주는 것은 웃을 수 있는 유머이다.

나는 메트라이프 보험회사에서 설계사로 영업을 3년 했다. 3년 동안 Top이라는 성공을 할 수 있었던 비결 중에 하나는 유머였다. 처음 만난 사람과 어색하고 난감한 분위기를 없애는 데는 유머가 최고였다.

상품의 설명은 교육받은 내용으로 충분했다. 고객들이 방송과 인터넷을 통해 더 많이 알고 더 잘 알고 있었다. 처음 고객의 마음을 열 수 있는 비결은 서로 편하게 웃을 수 있는 유머였다.

처음 만나 인사를 하고 명함을 교환할 때 명함이 없다고 하면 내가 "주민등록증이나 의료보험 카드, 여권을 주셔도 됩니다." 하고 유머를 하면 상대는 일단 웃게 된다.

마치 사르르 얼음을 녹이는 것처럼 완고했던 사람도 서너 번 함께 웃으면 마음을 열고 대화를 할 수 있었다.

만나는 고객의 직업이 다 달랐기 때문에 나는 유머를 구분해서 노트에 정리해 놓았다. 학교선생님을 만날 때는 학생들과 연관된 선생님 유머를, 사업하시는 분에게는 비즈니스 유머를, 골프를 좋아하는 분에게는 골프유머를, 주부들에게는 아주머니들이 좋아하는 유머를, 정치인에게는 정치유머를, 의사선생님들에게는 환자와 관계된 유머를, 만나는 사람에 따라 미리미리 준비하고 암기해서 사람을 만났다.

나는 철저히 암기하고 준비한 것이지만, 나를 만나는 사람들은 원래 유쾌하고 유머 있는 사람으로 알고 있었다. 사람들은 너무 즐거워했고 나와 다시 만나서 대화하기를 원했다.

유머감각은 순발력과 노력이었다. 지점장으로 아침 미팅을 할 때도 유머로 시작하려고 노력했고 유머 책을 수시로 사서 읽고 암기했다. 사랑 나눔 임원회의를 할 때도 항상 유머를 준비해 회의를 시작했다. '이사장님이 오늘은 어떤 유머를 해 줄까?' 해서 회의에 빠지지 않는다는 목사님도 계셨다.

항상 유머를 하는 나의 속마음은 사람들이 좀 더 즐거웠으면, 사람들이 나와 함께 있을 때 더 많이 웃고 기뻐했으면 하는 바람이었다. 지금도 나는 당장 100개 이상의 유머를 구사할 수 있다.

웃음과 유머는 실과 바늘이다. 나는 감성 소통에 관한 책을 쓰면서 "소통이 어려운가? 일단 웃어라. 그리고 유머를 준비해라."를 제일 먼저 말하고 싶다. 웃어줄 수 있는 것, 최고의 소통이다. 유머를 할 수 있는 것 고품격 대화이다.

웃음과 유머는 성공과 장수의 비결이며 상대방을 끌어당기는 힘이 있다.

"유머 감각은 리더십 기술이자, 사람들과 잘 어울리고 일을 성사시키는 요령이다."라고 아이젠하워가 말했다. 비즈니스로 대화하고 성공하고 싶은가. 그렇다면 웃는 얼굴로 유머를 해라. 자신이 없다면 외우고 암기해라. 웃음이 있는 곳엔 항상 많은 사람이 모인다. 그곳에서 유머는 최고의 마케팅이다. 꿈을 이루었다 상상하고 지금 웃어라. 웃는 얼굴은 누구나 대화하고 싶은 사람의 매력이다.

당신이 있으면 마음이 편안해요

손바닥
소통

"스마트폰을 꺼버리든지 네 꿈을 꺼버리든지."

진로 비전 특강 설명을 위해 시내 남자 고등학교를 방문했다. 학교 교문 앞 플래카드에 적혀 있는 글이다. 나는 학생들의 모습을 상상하고 웃었다. 스마트폰에 학생들의 관심이 얼마나 집중되어 있는지 설명하는 글이었다.

나 또한 옆에 핸드폰이 안 보이면 불안하기까지 하다. 가끔은 내가 아니라 기계가 나를 이용하고 있는 기분도 든다.

미래에는 없어질 직업들이 너무 많으며 로봇, 드론, 무인 자동차, 인공지능이 상상을 초월하는 많은 일들을 할 것이다. 편리하고 시간을 절약하는 최상의 방법이지만 사람과 사람이 할 수 있는 기분 알아주기, 공감하고 인정하기, 감정 알아차리기 등 마음 소통도 기계가 가능할까? 할 수는 있지만 느낌과 감정이 다를 것이다. 왜냐하면 말은 소통이 아니기 때문이다.

한번은 점심시간에 회사 근처에 식사를 하러 갔다. 앞 테이블에 앉은 7명의 남자들은 테이블 앞에서 모두 고개를 숙이고 있었다. 너무 오랫동안 같은 포즈를 하고 있어서 나는 직원에게 "교회에서 왔나 봐. 식사 전 기도를 너무 오래 하네. 그치?" 하고 말했다. 직원은 슬그머니 쳐다보았고 박장대소를 했다.

"지점장님, 저 사람들 다리 밑에 스마트폰 놓고 보고 있어요. 게임하는 거 같아요. 히히히……." 정말 그랬다. 한참 후 식사가 나오니 동시에 멈추고 고개를 들었고 식사를 하기 시작했다. 똑같은 흰색 셔츠에 똑같이 하는 행동이 내 눈엔 꼭 로봇 같았다. 사실 놀라고 웃을 일도 아니다. 우리 가족도 외식할 때 비슷한 풍경이 펼쳐지기 때문이다.

이제는 모든 걸 집에서 스마트폰으로 쇼핑하고 주문해 배달해 먹는다. 금융도 집에서 하고 경조사비도 폰으로 전달한다. 사실 너무 편리하고 빠르고 움직일 일이 적어졌다. 그러니 운동부족으로 따로 시간을 내서 다이어트를 하거나 운동을 해야 한다.

대화도 마찬가지다. 가정에서 직장에서 서로의 눈을 보고 이야기하지 않는다. 서로의 감정이나 마음을 알려고 하지도 않는다.

별 문제 없이 학교에 다니고 직장에 다니면 그만인 셈이다. 별 문제 없이 아내가 옆에 있고 남편이 출근하면 그만이다. 그들은 스마트폰으로 이모티콘을 날리고 메시지와 행복한 사진들을 올리며 나름의 소통을 하고 있다. 사람을 만나지 않고 목소리와 눈으로 대화를 하지 않고, 글과 내용으로만 주로 대화를 한다.

나는 전화를 길게 하지 않는다. 30분, 한 시간씩 통화하는 사람을 보면 존경스럽다. 나는 적어도 사람을 보고, 눈을 보고, 표정을 보고, 상대의 목소리를 듣고 대화하고 싶기 때문이다. 그것이 대화고 소통이라고 생각한다.

손가락 터치로 모든 걸 해결하는 세상이 되었다. 사람의 뼈는 206개, 손의 뼈는 54개, 눈에 보이는 작은 뇌가 손이라고 한다. 손의 의미는 격려, 소통, 인정이다. 손은 인간과 외계인의 교감도 표현한다. 스티븐 스필버그 감독의 ET 영화가 있다. 외계인이 손가락을 통하여 인간과 소통하는 것을 표현했다. 손은 사람을 서로 연결하기도 하지만 서로를 밀어낼 수도 있다. 우리는 변화되는 시대의 흐름에 따라가야 하지만 그 빠름의 속도만큼 사람의 마음이 따라가지 못할 때는 쉬어 가야 한다. 기계가 아닌 사람이기 때문이다.

우리 집에는 특별히 하는 포스트잇 소통법이 하나 있다. 물론 가족 카톡 방에서 많은 대화를 하지만 언젠가부터 나는 포스트잇을 사용했다. 가족들에게 부탁하고 제안하는 내용이다. 하지 말라고 자꾸 반복해 말하면 잔소리가 되고 듣는 사람도 짜증스럽기 때문이다.

싱크대 앞에 "자기가 먹은 컵은 바로바로 씻어주세요~~^^" 목욕탕 거울에는 "이쁜 딸 치실은 세면기에 말고 쓰레기통에 버려주세요~~^^" 빨래통 앞에 "양말은 뒤집어서 빨래통에 넣어주세요~~^^" 하고 포스트잇을 일주일 정도 붙여 놓으면 잔소리 하지 않고 눈에 잘 보이고 의식하게 된다.

시간이 지나니 놀랍게 조금씩 좋아졌다. 그 후 딸아이는 책상 앞에 "고마운 엄마 내 책상은 정리하지 말아주세요~~^^"라고 써 놓았고, 남편은 신발장 앞에 "사랑하는 여보, 바쁜 딸. 신발을 가지런히 놓아 주세요~~^^"라고 포스트잇을 붙여 놓았다. 의외로 포스트잇 소통은 효과가 있고 가족들이 재미있어한다.

어떤 방법의 소통이든 여러 가지가 있다. 서로 상처 받지 않고 기분 좋게 잘 통하면 된다. 사람들은 위로받고 인정받고 싶어 한다. 그것도 문자가 아닌, 로봇이 아닌 사람한테 말이다. 사람이 사람을 외롭게 만들고 힘들게 만들지만 또한 사람과 소통하며 외로움을 극복하고 희망을 갖게 된다.

손바닥 터치, 스마트폰 조금씩 쉬어 가자. 이제는 마음 터치를 해보자. "힘들면 말하세요."라고 서로를 바라보며 말해 보자. 이것이 사람이 하는 소통이다. 사랑하는 내 가족의 눈을 보고 목소리를 들어보자. 그것도 힘들다면 주말에 몇 시간만이라도 스마트폰 사용을 쉬어 보자. 사람이 사용하는 스마트폰이지만 나중에는 사람이 스마트폰의 노예가 될 수 있다. "뭣이 중헌디." 영화 대사를 기억하자.

축복의 말
하늘의 언어

한 어머니가 어린이집 모임에 참석했다. 어린이집 선생님이 그 어머니에게 말했다. "아드님은 산만해서 단 3분도 앉아 있지를 못합니다." 어머니는 아들과 집에 오는 길에 말했다. "선생님이 너를 무척 칭찬하셨어. 의자에 앉아 있기를 단 1분도 못 견디던 네가 이제는 3분이나 앉아 있다고 칭찬하셨어. 다른 엄마들이 모두 엄마를 부러워하더구나!"

그날 아들은 평소와 달리 밥투정을 하지 않고 밥을 두 공기나 뚝딱 비웠다. 시간이 흘러 아들이 초등학교에 들어갔고, 어머니가 학부모 회의에 참석했을 때 선생님이 말했다.

"아드님 성적이 몹시 안 좋아요. 검사를 받아보세요!" 어머니는 그 말을 듣고 눈물을 왈칵 쏟았다. 하지만 집에 돌아와 아들에게 이렇게 말했다.

"선생님이 너를 믿고 계시더구나. 넌 결코 머리 나쁜 학생이 아니라고 하시더라." 어머니 말이 끝나자 어두웠던 아들의 표정이 환하게 밝아졌다. 훨씬 착하고 의젓해진 듯했다. 아들이 중학교 졸업할 즈음에 담임선생님이 말했다.

"아드님 성적으로는 명문고에 들어가는 것은 좀 어렵겠습니다." 어머니는 교문 앞에 기다리던 아들과 함께 집으로 오며 이렇게 말했다. "담임선생님께서 너를 무척 자랑스럽게 생각하시더라. 네가 조금만 더 노력하면 명문고에 들어갈 수 있다고 하셨어." 아들은 끝내 명문고에 들어갔고 뛰어난 성적으로 졸업을 하게 되었다. 그리고 명문대 합격 통지서를 받았다.

아들은 대학 입학 허가 도장이 찍힌 우편물을 어머니 손에 쥐여 드리고는 엉엉 울며 다음과 같이 말했다. "어머니 제가 똑똑한 아이가 아니라는 건 저도 잘 알아요. 어머니의 격려와 사랑이 오늘의 저를 만드셨다는 것 저도 알아요. 감사합니다, 어머니!"

이 내용은 대한민국 최초의 범죄 심리 분석관인 표창원 교수의 실화이다. 어머니의 축복의 말 한마디 한마디가 존경스럽다.

축복과 은총의 말은 하느님, 목사님, 신부님, 성인들만이 하는 말이 아니다. 어머니의 격려와 축복의 말이 아들의 꿈과 미래의 희망이 되었다. 말한 대로 된 것이다.

힘이 되는 말, 기가 사는 말, 인정하는 말, 축복의 말은 천 번을, 만 번을 해도 부족하다. 가장 사랑하는 자녀들에게는 더욱 그렇다. 어느 어머니나 선생님에게 자식에 대한 이런 이야기를 들었을 때 속이 상하고 화부터 나게 되는 건 사실이다. 이런 말을 들었을 때 대부분 어머니들은 속이 상해 빛의 속도로 자녀에게 질책과 훈계를 하게 된다. 자식에게 전혀 도움이 되지 않는데도 말이다.

부모가 생각하고 말하는 그릇만큼 자식은 그만큼의 그릇으로 성장한다.
대화는 혼자 하는 말이 아니기 때문이다. 대화는 누군가의 삶에 끼어드는 일이고 그 일이 사람의 삶을 바꿀 수 있고, 빛나게도 해 준다. 엄마 노릇, 부모 노릇을 하고 살다 보면 항상 좋은 대화, 축복의 말만 할 수 없는 게 사실이다. 차라리 화가 나고 속이 상할 때 혼잣말을 하거나 스스로에게 글을 쓰면 좋다.

링컨 대통령은 장관들에게 화가 나거나 분노를 느낄 때 그 사람에게 하고 싶은 욕설과 비난을 퍼붓는 글을 쓴다고 했다. 그다음 쓴 글을 찢어버리고 쓰레기통에 넣었다고 한다. 자신을 괴롭히는 부정적인 감정을 스스로 털어내기 위함이었다고 한다.
다른 사람이나 자식에게 축복의 말을 하기 위해 화가 치밀 때 가끔은 스스로에게 투덜이가 되는 것도 괜찮다. 부정적인 감정을 가슴에 남겨두면 따뜻한 말이 나오지 않기 때문이다. 이제부터 하늘의 언어, 축복의 말을 미친 듯이 쏟아내 보자.

"당신은 좋은 사람입니다.

당신은 잘될 것입니다.

당신을 믿습니다.

당신은 할 수 있습니다.

당신이니까 가능합니다.

당신은 소중한 사람입니다.

괜찮아, 다시 한번 해봐요.

당신은 따뜻한 사람입니다.

당신은 주위 사람을 행복하게 해주는 사람입니다.

당신을 닮고 싶습니다."

하루 세끼 밥 먹는 것처럼 실행해 보자. 인정의 말, 격려의 말, 사랑의 말, 위로의 말이 마음을 터치하는 감성 소통이다. 축복의 말만 하기에도 인생은 너무 짧다. 축복의 말은 하늘의 말이다.

말의
품격

"처음엔 내 말투 때문에 종업원들이 떠났습니다. 그리고 말투 하나 바꿨을 뿐인데 지금은 관계가 좋고, 사업도 잘되고 있습니다. 나는 모든 직원들에게 존댓말을 합니다. 그래서 손님들은 누가 사장이고 종업원인지 잘 모릅니다."

한글날 TV의 특집 다큐멘터리 '말의 품격'이라는 프로그램에서 진행된 월 매출 8천만 원을 올리는 한 사장님의 인터뷰이다.

또 다른 사장님은 "우리는 회사에서 직급 호칭을 부르지 않습니다. 모든 직원들은 대표님, 부장님, 과장님 대신에 옹, 알렉스 등 자신이 좋아하는 이름을 부릅니다. 그리고 8년 연속 일하기 좋은 기업, 일하기 좋은 회사가 되었습니다. 또한 회사에서 잘 몰라요, 싫어요 등 자신의 의사를 잘 표현하게 했고, 자유로운 소통이 제일 큰 힘이라고 생각합니다."라고 했다. 신선하고 기분 좋은 다큐였다.

막말과 불통, 갑과 을이 없는 회사와 기업이 부럽고 존경스럽다. 말에는 뜨거운 감정이 실린다. 그래서 마음에 화상을 입을 수도 있고 때로는 얼음이 되어 꽁꽁 얼어버려 통하지 못한다. 대한민국 모든 회사와 기업이 이런 회사가 되었으면 하는 바람이 나의 큰 욕심일까! 이것이 바로 사람의 품격을 아는 사람들이고 말의 품격을 아는 기업이다.

말의 품격은 노자가 도덕경에서 말하는 도와 덕을 통해 우리는 배울 수 있다.

첫째, "진실함이 없는 아름다운 말을 늘어놓지 마라."이다.
즉 아부나 감언이설을 하지 말라는 뜻이고, 진실이 없으면 신뢰 받지 못하고 오래가지 못한다는 뜻이다.

둘째, "말이 많음을 삼가고 차라리 말이 없는 편이 더 낫다는 생각을 가져라." 말없이 관심과 성의를 보여주며 쓸데없는 남의 말을 하지 말라는 이야기다.

셋째, "다투지 말라."

많은 말을 조심하고 내가 쓰는 말투를 삼가서 쓰라는 말이다. 많은 사람과 적이 되고 싶으면 많이 다투라는 말과 같다. 욕을 하거나 막말을 하는 사람을 보면 누구나 불쾌하고 그 사람과 가까워지는 걸 꺼린다는 말이다.

내 주위에는 언제 만나도 상냥하고 매너 있고 예쁘게 말하는 지인이 있다. 그 사람을 만나면 마음이 편해지고 대화가 하고 싶어진다. 학식과 지식이 많아도 교양 없이 말하고 무시하는 말을 하는 사람은 품격이 없어 보인다. 많이 배우지 못했어도 겸손한 말을 하는 사람은 지혜와 인품이 좋아 보인다.

한글날 세종대왕에 대한 고마움과 그분의 지혜가 다시 한번 마음에 와 닿는다. 최고의 언어가 있는 대한민국에서 말의 품격을 느낄 수 있는 소통이 이루어진다면 나라의 품격이 최고가 될 수 있다. SNS에 돌고 있는 글이다.

"지금 알고 있는 걸 그때도 알았더라면 내 가슴이 말하는 것에 더 자주 귀 기울였으리라. 더 자주 웃고 덜 고민하였으리라."

말의 품격을 지금 알아차리자! 품격은 말에서 나온다. 말에서 품어 나온 품격이 곧 내 인품이 된다.

나는 이렇게
영업해서 성공했다

3년간 TOP으로 보상을 받을 수 있었던 데는 나만의 고객관리 노하우가 있었다. 부지점장을 하고, 지점장을 할 때도 내가 강조했던 것은 고객관리였다. "계약을 하기 전에 30% 에너지를 쓰고 고객 관리에 70% 에너지를 써서 관리하면 성공한다."고 나는 늘 직원들에게 말했다. 내가 실천한 방법이 고객의 마음을 얻고 지속적인 소개를 받을 수 있었던 건 사실이다. 간단히 3가지만 말하려 한다.

첫 번째는 영업을 시작한 2002년 처음부터 DMdirect mail을 작성한 것이었다. 토요일에 출근해 컬러별 한지 봉투와 종이를 준비해 고객 각자에 맞는 글을 써서 고객에게 보냈다. 마음의 편지는 고객관리 효과가 뛰어났고 지속적인 소통을 할 수 있었다. 편지나 엽서에 관한 책을 3권 정도 읽고 난 후였다.

두 번째는 생일과 결혼기념일을 고객카드에 입력해 놓고 고객 상황에 맞는 선물을 직접 배달하는 것이다. 물론, 장거리일 때는 택배로 보내기도 했다. 중요한 건 선물이다. 비싸고 좋은 것이 아니고 그 사람에게 필요한 것, 적합한 것을 선택해 보내는 것이다.

예를 들면, 책을 좋아하시는 분은 대화 중 주로 어떤 책을 좋아하는지를 질문해 적어 놓았고 꽃을 좋아하는 분은 어떤 꽃을 좋아하는지 물어보아 준비했다. 아이들 교육에 관심이 많으신 분은 자녀 교육에 관한 책과 정보를 드렸다.

세 번째는 상담이다. 고등학교 교사를 한 경력과 3명의 내 아이들을 키운 경험으로 최선을 다해 진심으로 상담해 드렸다. 그 마음은 서로에게 전해졌고 서로의 팬이 되어 지인이 되고 나의 오랜 인맥이 되었다.

일을 하다 보면 계약은 하지 못하고 두세 시간 상담만 하거나, 이야기만 들어주고 돌아올 때도 많다. 고객의 이야기 속에는 모든 것이 담겨 있었다. 살아온 이야기, 자식 이야기, 돈 이야기, 건강 이야기 등. 모든 이야기는 그날그날 고객 관리 노트북에 다 정리되었다.

사실 온 정신을 대화에 몰입하여 듣다 보면 오늘 내가 점심을 먹었는지 안 먹었는지 기억을 못 할 때도 많았다. 계약 성사를 먼저 생각하거나, 내 이익을 생각하고 상담하면 고객의 마음의 소리를 들을 수 없다.

상대가 필요한 것, 원하는 것을 파악하는 것은 온전히 몰입해 경청하는 것이었다. 그래야 고객의 상황과 정보를 정확히 알 수 있기 때문이다. 고객의 정보를 많이 알수록 친밀감이 높아져 성공 확률이 좋아졌다.

한번은 고객의 결혼기념일 선물을 준비하려고 꽃집에 들렀다. 나는 결혼 전 꽃꽂이 사범증을 땄고 꽃꽂이를 3년이나 배웠다. 사모님이 카라 꽃을 좋아한다는 이야기를 들은 적이 있어 꽃바구니에 카라로 꽃꽂이를 하고 소재를 넣었다. 마트에서 저렴한 와인 한 병을 사서 꽃바구니에 넣었다. 와인은 아이보리 리본으로 묶고 카드를 적어 사장님께 전달하려 했다.

그때 옆에 있는 어떤 우아한 아주머니가 "어머, 꽃바구니가 너무 예쁘네. 나도 카라를 좋아하는데. 메트라이프 생명요? 나는 잘 모르겠는데." 하면서 명함을 달라 하셨다. 처음 보는 낯선 분이라 명함을 드리고 나는 잊고 있었다.

한 달이 지났을 때 그 사모님은 전화를 주셨고, 아파트를 방문했다. 겁이 많은 나는 낯선 집에 선뜻 발을 들이는 것도 힘들었다. 아파트 문 앞에 'ㅇㅇ교회'라는 문패를 보니 조금은 마음이 놓였다.

집은 깔끔하고 아기자기하게 잘 정돈되어 있었다. 그 사모님은 처음 본 나에게 자신의 모든 이야기를 진솔하게 털어놓으셨고 오랫동안 병석에 누워 있는 아들도 보여 주셨다. 난치성 희귀병을 앓고 누워 있는 아들을 보는 순간 눈물이 났고 마음이 아팠다.

다행히 그분 딸이 내가 있었던 고등학교 학생이었고, 담임선생님도 내 친한 친구였기에 그 주제로 수다를 떨었다. 그 후 그분은 나의 열렬 팬이 되어 주셨다. 많은 계약을 했고 많은 소개도 해 주셨다.

변함없는 꾸준한 관리를 고객들은 원했다. 계약 전과 후, 앞뒤가 똑같은 모습을 원했다. 또한 고객들은 진심으로 상대를 배려하는지, 아닌지를 금방 알아차린다. 내 이익을 빼면 소통이 쉬워진다. 이 계약을 해서 얼마를 버는지 나는 계산을 해 본 적이 한 번도 없었다. 영업에서 성공하고 싶거든 빨리 내 진짜 고객을 100명만 만들면 된다. 그분들을 잘 관리하고 좋은 인간관계를 맺으면 신뢰가 생기고 소개는 저절로 계속되어 200명, 300명이 될 수 있다.

고객의 마음을 읽어주고, 경청하고 함께 문제 해결을 위해 고민하고 노력하면 된다. 마음 소통, 이것이 최상의 고객관리고 서비스다. 나는 그 고객들 덕분에 부지점장과 지점장을 15년 동안 할 수 있었고 사랑 나눔을 창단해 12년 동안 봉사활동도 할 수 있었다.

그래서 "덕분에"라는 말은 내가 너무 좋아하는 말이다. 영업으로 성공하고 싶다면 어떻게 소통해야 되는지를 연구하고 공부해 볼 일이다. 고객과 마음 소통이 잘되면 성공할 수 있다.

스스로 답해 보는 마음터치 TEST
- 관계 소통

1. 사람을 만났을 때 주로 어떤 인사를 하는가?

2. 당신이 상사라면 직원들에게 어떤 말을 듣고 싶은가?

3. 불이익을 당했을 때 나는 어떻게 대처하는가?

4. 직장에서 동료들이 나를 얼마나 신뢰하는가?

5. 남을 웃게 하기 위한 유머를 사용한 적이 있는가?

6. 나는 언제 존중받고 있다고 생각하는가?

7. 남에게 상처 주는 말을 하여 후회한 적은 몇 번이나 있는가?

8. 내가 들었던 말 중 잊히지 않는 긍정의 말은 무엇인가?

9. 충고를 할 때, 나는 어떤 말투로 하고 있는가?

10. 마음 근육을 위한 나의 독서 시간은 언제인가?

마음 Touch!
감성소통

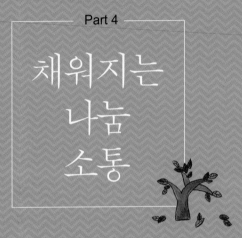

Part 4

채워지는
나눔
소통

나중이란
없다

학사보다 석사, 석사보다 박사, 박사보다 가장 수준 높은 게 봉사라는 유머가 있다. 이것은 학식이 아니라 가치관과 배려에 대해 이야기한 내용이다.

만약에, 하루에 한 번, 한 가지만 남에게 주는 연습을 했다면 주지 않은 사람보다 누가 더 행복할까? 답은 남에게 작은 거라도 나눈 사람이 자존감이 좋아지고 행복지수가 올라간다.

"나는 줄 것이 없어요!" 이렇게 말하지만, 우리는 이미 나눌 것을 많이 가지고 있다. 미소를 줄 수 있고, 안아 줄 수 있고, 시간을 함께할 수 있고, 상대방의 말을 들어 줄 수 있고 돈과 물질이 없어도 수없이 나누고 베풀 것이 많다.

　많이 가진 사람이 동정으로 베푸는 것. 목적을 이루기 위해 의도적으로 베푸는 것은 안 하는 것보다는 좋겠지만 그리 오래가지 못한다.

　옛말에 "베푼 은혜는 기억하지 말고 받은 은혜는 잊지 말라."는 말도 있다. 중요한 것은 베풀고 싶고 봉사하고 싶은 마음을 먼저 갖는 것이다. 마음을 먼저 갖는 것이 자신을 행복하게 하고 그것을 실천했을 때 자존감과 행복감이 올라간다.

　봉사 단체를 운영하고 봉사활동을 하려면 회원을 모집해야 되고, 그 회원의 꾸준한 후원 활동이 있을 때 지속적인 운영이 가능하다. 그래서 나는 많은 사람들을 만나 사랑 나눔에 대해 설명하고, 작지만 오천 원, 만 원씩 회원이 될 것을 부탁한다.

　때론 만 원만 하는 것을 미안해하며 12년 동안 후원해 주는, 절약하고 사시는 어머니를 보면 힘이 난다. 그럴 때마다 내게 사랑 나눔을 가장 진실하고 건실한 봉사 단체로 운영하고, 아이들을 위해 좋은 교육 프로그램을 해야 되겠다는 마음이 솟구쳤다.

　가끔은 정말 돈이 많은 CEO를 만날 때도 있다. 한없이 본인의 사업 이야기, 성공한 이야기, 돈 자랑을 많이 하는 이야기를 듣는다. 하지만 내가 사랑 나눔에 대해 설명하고 후원을 부탁하면 후원은 다음에 하겠다고 거절을 한다.

다음에 언제 해 주겠다는 말인가! 그 말은 후원하기 싫다는 이야기였다. 그럴 때 나는 속으로 생각한다. '아~ 이런 사람을 세상 사람들이 소위 졸부라고 하는구나. 차라리 돈 자랑을 하지 말지!'

나중에 한다는 사람은 언제 나중에 할까? 이 시간도 내일이면 과거가 된다. 누구나 지금 하지 않으면 후회하는 일이 많아진다. 특히 나누고 봉사하는 일은 더욱 그렇다. 나눌 것이 없는 물질의 빈곤보다 나눌 마음이 없는 빈곤이 더 큰 문제이다.

먼 길을 떠나야 되는데 같이 가야 할 3명의 친구가 있었다. 첫 번째 친구는 한 발짝도 그 친구와 같이 가지 못한다고 거절한다. 두 번째 친구는 동구 밖, 동네 앞까지만 같이 갈 수 있다고 한다. 세 번째 친구는 친구와 끝까지 같이 가주겠다고 선뜻 나선다. 탈무드에 나오는 이야기다.

여기에서 첫 번째 친구는 돈이고 물질이다. 우리는 죽으면서 단돈 1,000원도 가져갈 수 없으며, 물질은 아무 의미도 없다는 말이다. 두 번째 친구는 친구, 친척, 가족이다. 가슴 아파하며 장례식에 날을 새워주고 가슴 절절한 슬픔으로 함께하지만 묘지에서, 장례식에서 끝난다는 이야기다. 세 번째 친구는 내가 베풀고 봉사한 것이다. 이것은 죽어서도 기억되고 후세에 남는 소중한 친구이다.

나중이란 없다! 사람은 태어날 때 순서가 있지만 죽을 때는 순서가 없다. 언제 하느님의 부름이 있을지도 아무도 모른다. 지금 하고 있는 봉사와 기부가 처음이자 마지막이 될 수도 있다. 그 마지막이 한 번일 수도 있고 10년일 수도 있고 평생일 수도 있다.

죽을 때 나에게 남은 것은 남에게 준 것밖에 없다. 나중에 좋은 일 하지 말고 지금 해 보자. 지금이 마지막일 수 있으니까. 평생을 봉사와 희생으로 사신 마더 테레사 수녀님의 글이다.

한 번에 한 사람

난 결코 대중을 구원하려고 하지 않는다.
난 다만 한 개인을 바라볼 뿐이다.

나 한 번에 단지 한 사람만을 껴안을 수 있다.
한 번에 단지 한 사람을 껴안을 수 있다.
단지 한 사람. 한 사람. 한 사람씩만…

따라서 당신도 시작하고 나도 시작하는 것이다.
난 한 사람을 붙잡는다.

만일 내가 그 사람을 붙잡지 않았다면
나 4만 2천 명을 붙잡지 못했을 것이다.
당신에게도 마찬가지다.

단지 시작하는 것이다.

한 번에 한 사람씩

　언제 읽어도 감동을 주는 글이다. 이 시간 사랑 나눔과 12년을 함께 봉사해 온 고마운 후원자님들과 수많은 토요일 봉사 시간을 희생한 간사님과 운영위원님들. 500여 명 한 분 한 분께 진심으로 감사하다.

　나눔이란 세상을 살아가면서 다른 사람과 맺어지는 소통의 방식이고 함께 사는 방법이다. 그 나눔이 바로 서로 행복할 수 있는 소통이 된다.

말이 고픈
노인들

오래전 일이다. 내가 결혼했을 당시 시할머니가 살아계셨다. 30년 전 90세를 넘으셨으니 장수하신 셈이다. 어머니 집에 갔는데 할머니가 방에서 이야기를 하고 계셨다. "어머니, 할머니 방에 누가 오셨나 봐요?" 물어보니 어머니는 웃으시며 방에 들어가 보라고 하셨다. 방에 들어가 보니 할머니는 혼자서 장롱을 보고 앉아 계셨다. 그 장롱을 바라보고 혼잣말을 하고 계셨던 것이다.

혹시 치매에 걸리신 것은 아닌지 걱정도 되었지만, 나는 그때 그 모습이 너무 재미있어 철없이 웃고 말았다. 지금 생각하면 가슴 아픈 일인데 말이다. 가족들이 각자 일하느라 바쁘다 보니 혼자 있는 시간이 많아 너무 외로워서 장롱을 사람 삼아 혼자 말하고 혼자 대답하고 계셨던 것이다.

이제 대한민국은 65세 이상 인구 14% 이상을 차지하는 고령 사회가 되었고 2026년에는 전체인구 20%가 넘는 초고령 사회를 향해 달려가고 있다. 평균수명의 연장으로 노인인구가 40%에 이를 것으로 추정된다고 한다.

경제적 어려움, 노인복지의 부족, 사회나 가족으로부터 소외, 노인 자살률 등 고령사회로 인해 여러 가지 문제가 될 수 있는 것을 국가적 차원에서 말하고 있다. 이 중에서 가장 가슴 아픈 것은 배고픈 게 아니라 외로워서 죽고 외로워서 자살하는 노인이 있다는 것이다.

나는 시부모님과 같이 살지도 않았고 사실 큰 효도도 못 했다. 하지만 어머니가 다리가 아프시고 활동을 잘 못하셨을 10여 년은 매주 성당 미사를 마치고 찾아뵈었다. 내가 한 일은 어머니 말벗이 되어 주는 것이었다. 100번도 더 들었을 말을 또 들어주고 응대해 드리고 맞장구치고 처음 듣는 것처럼 계속 들어주고 또 들어주었다. 적어도 내 생각에 어머니는 재밌게 말씀하셨고 행복해하셨다. 나는 그것이 내가 할 수 있는 효도라고 생각했다.

메트라이프 회사에 다닐 때 서울대학교에서 은퇴 설계에 대해 공부할 수 있는 기회를 회사에서 나에게 주었다. 그때 받은 교육

중에 "나이가 들어 노인이 되면 지식과 상관없이 과거의 일이 더 정확히 생각나 자꾸 말하게 되고, 최근 일은 잘 기억나지 않는 뇌 구조가 된다."고 배웠기 때문에 어머니가 이해가 되었다.

어머니는 친구분이 거의 없었다. 자매인 이모님들이 집에 가끔 오시는 것이 전부였다.

"어머니는 자식들이 다 효자여서 너무 좋으시겠어요!" 말하면 어머니는 그렇다고 대답하시고 웃으셨다. 다 만족하지는 않았겠지만, 또는 자식들이 맘에 들지 않는 부분도 있겠지만 효자라는 어머니 말씀에 자식 사랑이 녹아 있었다. 유난히 자식 사랑이 대단했던 어머니셨다.

요즘은 노인 학대가 너무 많은 세상이다. 가정에서 일어나는 노인 학대가 88%나 된다는 통계 자료를 보고 너무 놀랐다. 오죽하면 국가에서 노인 학대 예방의 날을 지정했겠는가. 6월 15일은 노인 학대 예방의 날이다.

누구나 살면서 피할 수 없는 게 있다. 늙는다는 것, 죽는다는 것이다. 당연한 삶의 일부분을 인정한다면, 젊은 사람들은 노인을 존경하고 잘 보살펴 드려야 한다. 적어도 외롭지 않게 대화해야 한다.

국가와 종교단체에서 무료급식을 많이 하기 때문에 굶는 노인은 거의 없다고 한다. 하지만 말이 고파, 외로워서 우울증에 걸리거나 자살하는 노인이 늘어나는 것이다.

우리 할머니, 할아버지는 손바닥이 갈라지면서까지 노력을 하고, 당신은 배우지 못했어도 자식을 위해 몸이 닳도록 일을 했다. 노력해서 경제부흥을 일으키신 어르신들이다. 이 나라의 역사이고 희생의 부모님들이다.

일본 아키타에서는 노인 자살 예방을 위해 지역 주민인 노인들이 모여 차와 다과를 준비해 노인들을 수시로 초대한다고 한다. 거기에서 대화하고 친구를 만드는 것이다.

핀란드에서도 자살 예방 프로젝트를 10년 넘게 해 왔는데, 바로 '리빙룸'이라는 프로그램이다.

사회적으로 도움이 필요한 아이와 청소년들이 언제든지 이 거실에 올 수 있다. 그 거실에서 노인들이 함께 대화해 주고 놀아주는 청소년 케어 프로그램이다. 노인들이 베이비시터이고 청소년 시터이다. 너무 훌륭하고 멋진 프로그램이다.

노인이라고 해서 아프면 치료를 해 주고 형편이 어려우면 경제적 지원을 하지만 그것으로는 부족하다는 것이다. 대화를 못 해 외로움이 깊어지기 전에 대화를 하고 수다를 떨고 사람을 만나야 한다.

내가 노인심리 자격증을 공부한 이유가 있다. 꿈이 하나 있기 때문이다. 과거 경험과 지혜가 많은 노인들이 세상에는 너무 많다. 이분들과 핵가족 사회로 이모, 고모가 별로 없는 아이들을 맺어주는 것이다.

꼭 내 할머니, 할아버지가 아니어도 도서관처럼 만남의 장소를 만들어 거기서 책도 읽고 대화를 나누면 된다. 눈이 안 보이는 어른께 아이가 동화를 읽어주고 할머니는 자신의 경험을 이야기해 주고……. 허황된 생각은 아니라고 믿는다.

리빙룸이 아니라 남녀노소가 함께하는 마음 소통 센터를 만드는 것이다. 책을 보고 소통하는 공간을 동사무소처럼 마을마다, 동마다 만들어 놓으며 얼마나 좋을까? 노인복지 회관은 있지만 아이들, 청소년들과 함께할 수 있는 공간은 우리나라엔 아직 없다.

경험이 많은 70세 노인과 순수함이 있는 7세 어린이는 대화가 잘 통한다고 한다. 노인들은 삶의 경험과 지혜로 마음을 비워 어린 아이와 같은 순수함이 있어서가 아닐까. 내 자식만 잘 키워서 좋은 사회가 되는 것은 아니다. 함께 소통해야 건강한 사회가 될 수 있다.

사회복지 석사 공부를 할 때 의대 교수님 특강을 들은 적이 있다. 노인 심리에 관한 이야기였다. 노인들이 외롭고, 돈도 없고 몸이 아파서 농약 찌꺼기, 바늘과 못을 삼키고 자살을 시도한다는 것이었다. 기가 막힌 일이다. 경제적으로 힘듦도 있지만 혼자 살다 보니 외로움이 극치를 이뤄 자살을 하기도 한다고 하셨다.

노인과 대화를 하는 것은 어른들을 살리는 길이라고 생각한다. 밥을 해 드리고 배를 채우는 것만큼 마음의 밥, 외로움의 양식도 드려야 한다. 당신도 곧 노인이 되고 어린아이도 먼 훗날에 노인이 되기 때문이다. 배가 고픈 게 아니라, 말이 고픈 노인들을 다시 한번 생각해보자.

적어도 대한민국에서 외로워서 죽어가는 노인은 없어야 한다. 서로의 마음을 여는 마음 소통은 생명을 살릴 수 있는 또 하나의 방법이다.

소경의
등불

"한 남자가 칠흑과도 같은 어두운 밤길을 걷고 있었다. 그런데 그 맞은편에서 한 사람이 등불을 든 채 걸어오고 있는 것이 보였다. 그 사람은 이웃에 사는 장님이었다. 이상하게 생각한 남자가 장님에게 물었다. "당신은 앞을 보지 못하는데 등불이 무슨 소용이 있습니까?" 그러자 장님이 대답했다. "내가 이 등불을 들고 걸어가면 내가 걷고 있다는 것을 눈 뜬 사람들이 잘 알 수 있을 테니까요."

이 글을 유태인의 지혜를 담은 탈무드에 나오는 이야기다. 눈먼 사람도 베풀 수 있는 배려가 녹아 있다. 눈이 보이지 않으면 어떤 상황이 될까? 상상만 해도 숨이 막힌다.

"몸이 1,000냥이면 눈이 900냥이다."라는 말이 있다. 이것은 사람이 살아가는 데 눈의 소중함을 말하는 것이다. 외부 세상의 정보 80%는 눈을 통해 들어온다. 사람도 마찬가지로 시선을 통해 말하고 소통한다. 우리가 평소 많이 듣는 말들이다. 눈치가 보인다, 눈이 맞았다, 첫눈에 반했다, 눈 흘기기, 눈길도 주지 않는다, 곁눈질한다, 사랑의 눈길 등이다. 눈으로도 사람의 마음을 읽을 수 있고 소통이 가능하다는 말이다.

이 모든 말들은 사람과의 관계에서 나오는 것이다. 눈이 웃고, 화내고, 신나고, 행복하게 하는 것으로 소통할 수 있다. 나는 어떤 눈빛에 관심이 가고 꽂히는가? 사랑스런 눈길, 따뜻한 눈길이 아닐까 싶다.

소통을 잘 못해서, 스피치를 못해서 고민하는 사람도 많다. 하지만 말을 잘하기보다 적게 말해도, 말을 못해도, 편안한 눈빛으로 관심 있게 들어주면 소통할 수 있는 것이다. 눈으로 하는 소통은 세상에서 가장 고귀한 소통이다. 눈으로 하는 소통은 오래 마음에 남는 깊은 소통이다. 부부가 오래 살면 눈빛만 봐도 알 수 있듯이 말이다. "눈으로 본 것을 다 말하지 말라."는 글을 본 적이 있다. 눈으로 너무 많은 것을 보고 살 수밖에 없기 때문이다.

그 많은 것을 다 말하고 살 필요는 없다는 것이다. 마음으로, 가슴으로, 눈으로 말할 수 있다는 것이다.

눈이 보이지 않았지만 마음으로 세상을 감동시킨 헬렌 켈러의 명언이다.

"눈을 사용하라. 내일 시력을 잃을지도 모른다는 생각을 가지고 매일 살아간다면 평소 당연시했거나 보지 못했던 세상의 경이로움을 새삼 발견하게 될 것이다. 세상에서 가장 아름답고 소중한 것은 보이거나 만져지지 않는다. 단지 가슴으로만 느낄 수 있다."

눈의 소중함과 바라볼 수 있음에 감사함을 생각하게 하게 하는 글이다. 시력이 좋은 사람이든 좋지 않은 사람이든 상대의 눈빛이 편안해야 소통도 편안하게 할 수 있다. 또한 눈빛이 빛나야 할 때는 상대의 말을 듣고 있을 때이다. 눈 뜬 장님이 되지 말자. 진정한 소통은 소경의 등불처럼 장님이 된 사람도 할 수 있는 남을 배려하는 것이다. 진정한 마음 소통은 따뜻한 눈 맞춤이다.

100세 시대
어른이 해야 할 말

"세 번째 만남이네요. 어르신들 덕분에 제가 어르신 전문 강사가 되었습니다."

노인대학에서 노인심리와 100세 행복에 대해 강의를 할 때 하는 말이다.

"아버님은 언제 가장 많이 웃으세요?" 질문을 하면 "웃을 일이 별로 없어. 웃을 일이 있어야지. 자식들한테 좋은 일이 있으면 웃지, 뭐." 하고 말씀하신다.

"자, 그러면 오늘은 인사하면서 웃는 것부터 시작해봅시다. 인물은 조상 탓, 못 웃는 것은 내 탓입니다. 옆에 계신 분 쳐다보고 마음에 안 드셔도 반갑습니다. 이~~. 사랑합니다. 이~~. 오늘 멋지십니다. 이~~. 하고 이 자를 뒤에 꼭 하세요. 이를 하고 인사하니 웃는 모습들이 너무 행복해 보이십니다. 깨하고 소금 합치면 뭐가 되나? 네, 맞습니다. 깨소금입니다.

그러면 깨하고 설탕하고 합치면 뭐가 될까요? 정답을 맞히시면 맛있는 사탕을 드리도록 하겠습니다. 네~~ 정답은 깨달음. 맞추셨습니다. 아버님은 여기 계신 분들 중에 제일 깨달음이 많으신 분이십니다."

"내가 정말 노인이다 하시는 분 손들어 보세요. 네, 거의 다 손을 드셨네요. 미국 타임지 발표에 의하면 65세는 청년, 79세는 중년, 99세는 노년, 100세 이상 장수 노인이라고 합니다. 제 생각엔 요즘 건강관리를 너무 잘해서 75세 이상은 되어야 노인이 되는 것 같습니다. 자~~ 그럼 꽃중년들을 위해 서로에게 웃으면서 박수 한번 치겠습니다. 저기 어머니 집안에 고민 있으세요? 웃지 않으셔서요. 어머니는 언제가 가장 행복하세요?"

"나는 다 필요 없어. 자식들과 함께 맛있는 거 먹으면서 재밌게 이야기하는 거지 뭐. 이 나이에 뭐가 얼마나 행복하겠어."

그렇다! 우리 부모님들의 한결같은 마음이고 바람이 이것뿐이다.

오래전 일본 동영상에서 본 내용이다. "자식이 아프신 어머니를 등에 업고 산에 버리고 오려고 산속을 걷고 있었습니다. 일명 고려장입니다. 그런데 그 어머니는 아들의 등 뒤에서 나뭇잎을 계속 하나씩 떨어트리고 있었습니다. 아들이 왜 그렇게 나뭇잎을 계속 떨어트리고 있냐고 물으니 어머니는 '네가 집으로 갈 때 길을 잃지 말라고 하는 것이다.'라고 말했습니다." 가슴 찡한 이야기다. 세상 어머니들의 자식을 위한 마음이 다 이와 같을 것이라고 생각한다.

내가 노인대학 강의 마지막에 항상 하는 말이 있다. "자식 말고 이제는 나를 사랑하세요. 나를 아기처럼 돌봐주고, 위로해 주고, 가끔 선물도 사주고, 잘했다고 칭찬도 해 주고, 나를 쉬게 하고, 나를 위해 기도하세요. 자식들도 건강한 부모님, 행복해하는 부모님을 원합니다. 자식을 위해서 더 건강하고 더 기쁘게 사셔야 합니다."

살아가면서 꼭 이겨야 하는 싸움이 있다고 한다. 질병을 이기고 가난을 이기고 시련을 이기고 무지를 이겨야 한다. 싸워서 손해 보는 싸움도 있다고 한다. 자신과의 싸움, 아내와의 싸움, 국가와의 싸움, 하늘과의 싸움이다. 물론 이 중에 자신과의 싸움이 제일 힘들다.

즉, 자기 관리가 제일 힘들다. 나이를 먹었으니 어쩔 수 없다

하면 안 된다. 나이를 먹었으니 더욱더 자기 관리가 필요하다.

통계청 자료에 의하면 100세 이상 노인이 5년 만에 72.2%가 늘어 3,159명이라고 한다. 철저한 자기 관리가 장수의 비결이다. 20, 30대도 노인처럼 사는 사람들이 있고 80, 90세가 되어서도 자신의 일을 찾아 청년처럼 열정적으로 사는 사람도 많이 있다.

92세 송해 선생님과, 99세 김형욱 철학 강사님을 보면 나이 들수록 일과 자기 관리가 얼마나 중요한지 알 수 있다.

강의 마지막에 나는 어르신들께 부탁하는 게 있다.

"오늘 강의 내용 다 잊어버려도 좋습니다. 자식들 앞에서 훈계하거나 자꾸 인상 쓰고 걱정하지 마십시오. 자식들은 다들 나름대로 영리하게 잘 살고 있습니다. 서로 행복하기 위해 이렇게 말씀을 하시면 됩니다.

"맛있구나!
예쁘구나!
고맙구나!
좋구나!
잘했구나!"

좋은 말, 복되는 말만 하기에도 시간이 없고 인생이 짧습니다.

어르신들! 이 다섯 마디가 자식의 행복과 어르신 자신의 행복이 됩니다. 복을 부르는 말 다섯 마디 다시 연습해 보겠습니다."

　나는 노인대학 강의는 쉽고 재미있게 하려고 노력한다. 강사의 말에 호응을 제일 잘 해주는 사람도 어르신들이다. 삶의 지혜가 많으신 분들의 배려이다. 대한민국 어른들이 자식들과 젊은 사람들과 잘 소통하기 위해 복을 부르는 다섯 마디가 날마다 쓰이길 간절히 바란다.

당신 건강이
우리가족
행복이에요

수녀님
선물

"미카엘라 자매님, 봉사활동 단체를 운영하고 있다고 말씀 들었습니다. 저희 성당에 이번에 전북대학교에 합격을 한 학생이 있는데 대학에 갈 입학금이 없어요. 아버지는 안 계시고 어머니는 목욕탕에서 일하고 계시는데 요즘은 몸이 많이 아파 누워 계신대요. 너무 건실한 학생인데 안타까워서요. 입학금만 있으면 대학에 가서 본인이 아르바이트를 해서 어떻게 해보겠다고 하는데요." 수녀님 말씀이셨다.

힘든 학생에게 입학금, 즉 사랑 나눔에서 장학금을 주실 수 있냐는 말씀이셨고 단식기도까지 하고 계신다고 하셨다. "그러시군요! 그런데 어쩌죠? 저희 단체는 초, 중, 고, 아이들 체험학습, 인성교육, 리더십 교육을 시키는 교육 봉사를 하는 곳이어서 장학금 지급은 없는데요. 능력은 없지만 노력해 볼게요, 수녀님!" 사실 대답은 그렇게 했지만 마음은 좀 답답했고 안타까웠다.

누구나 살다 보면 다른 사람의 부탁을 받는 일이 많다. 그 일 중에는 내가 꼭 해야 되는 일이 있고, 하지 않고 넘어가도 괜찮은 일도 있다. 마음에 걸리는 일을 하는 게 좋다. 오지랖을 피우는 일일지라도 시간을 내서 도움을 주면 또 하나의 배움이 있다.

원장 수녀님의 부탁이 있고 일주일 뒤 사랑 나눔 리더십 행사가 있었다. 아이들과 여러 가지 발명체험이 있는 날이었고, 특허에 대한 강의를 듣는 날이었다. 점심시간이었다. 운영위원들, 아이들과 함께 점심을 먹고 있는데, 내 앞에 앉은 남자 분은 처음 보는 회원이었다.

인사를 하고 식사를 하면서 자연스럽게 수녀님 부탁 이야기를 했다. 그분은 꽃 농장과 도매업을 하신다고 하셨다. 고등학생 두 명에게 해마다 장학금을 주고 있는데 "제가 한 명 더 주면 될까요? 이사장님." 하고 웃으셨다.

그 순간 나는 너무 좋아 입에 든 밥을 꿀꺽 삼켜버렸다. 일 초라도 빨리 고맙다는 말을 하기 위해서였다. 세상에 이런 일이 있다니. 좋은 일과 좋은 기회를 만들어 주시는 하느님은 항상 내 옆에 계시는구나……

신앙생활을 하면서 나에게는 뜻밖의 선물 같은 좋은 일이 많았다. 한번은 군산에서 친구 부부를 만났는데 우연히 옆에 앉으신 신부님과 동석하게 되었다. 신부님은 이층 사무실 같은 성당에 사시는 분이셨고 요즘 성당을 위해 신축헌금을 모으고 있는데 이곳은 잘사는 사람이 별로 없어서 많이 힘들다고 했다. 그때 한참 영업을 잘해서 수입이 좋을 때라, 나는 선뜻 이번 달 월급을 받으면 제가 삼백만 원 신축헌금을 드리겠다고 했다.

월급날 25일, 현금을 찾고 전주에서 군산에 가려고 차를 타니 차에 기름이 없었다. 평소에 가던 주유소에 가서 기름을 넣었다. 웬일인가! 빵빠라~~ 빵빠! 백만 번째 고객인가 천만 번째 고객인가, 너무 좋아 기억도 잘 안 난다. 기름을 공짜로 꽉 채워줬다. 서비스 티켓도 주었다. 또 하나의 뜻밖의 선물이었다.

신나게 운전을 하고 가서 신부님께 신축 헌금을 전달했다. 신부님은 우리 가족을 위해 기도밖에 해줄 게 없다며 가족 수대로 작은 십자가 5개를 주셨고, 고마워하셨다.

내 능력이 부족해도 물질 이상으로 행복을 주시는 하느님께 감사하며 차 안에 있는 십자가와 마리아님을 보며 감사, 또 감사를 말하며 운전을 하고 돌아왔다.

한 달쯤 지났을 때 수녀님은 손수 만드신 거라며 예쁜 검정색 묵주 팔찌를 선물로 주셨다. 몇 년이 지난 지금도 그 팔찌를 꼭 끼고 다닌다. 진안 다문화 센터에 봉사를 하러 가면 텃밭에 손수 농사지은 상추와 고추를 뜯어 비닐에 넣어 주시는 안 마리아 수녀님, 지금도 너무 좋은 말씀과 글을 보내주시는 박 수녀님까지. 내가 받는 선물이 많다. 너무 감사한 분들이 많다.

우연한 기회에 수녀님 방을 본 적이 있다. 사실 좀 놀랐다. 작은 가방 하나, 이부자리 하나, 기도할 수 있는 탁자 하나가 전부였다. 살아 있는 천사들이 수녀님들이라고 생각했다. 수녀님이 보내주신 글 하나를 소개해 본다.

"어떤 사람이 죽어 하늘나라에 갔더니 천사가 뭔가를 열심히 포장하고 있었다. 뭐냐고 물었더니 세상 사람에게 전해주는 선물이라고 했다. 인간 세상은 시간도 걸리고 너무 멀어서 단단하고 튼튼하게 포장하고 있다며. 그 선물이 무엇이냐고 물으니 그것은 행복이라고 천사는 대답했다. '그 선물 포장을 뜯으려면 힘이 드는데, 그 포장지는 고난이랍니다.'"

사랑과 희생으로 세상과 소통하는 수녀님들께 언제나 많은 것을 배운다.

무례한
훈계

　중·고등학생들 40명을 모아 해마다 하는 카네기 리더십 교육 시간이었다. 사랑 나눔 교육관에서 아이들이 둥그렇게 앉아 토론과 발표를 하는 시간이었다. 각 학교와 지역아동센터, 보육원에서 추천을 받아 진행하는 프로그램으로 대부분 환경과 가정이 힘든 학생들이다.

　카네기 전문 강사로 강의를 잘하시는 선생님 두 분이 앞에서 강의를 하셨다. 너무도 유익하고 학생들에 좋은 내용이었다. 그것은 데일 카네기 인간 관계론에 대해 토론하는 시간이었다. 의사소통을 잘하려면 우리는 어떻게 해야 될까요?

- 사람을 만나면 먼저 웃기
- 상대방의 눈을 보며 대화하기
- 나와 상대방 공통점을 찾아보기
- 맞장구쳐 주기
- 상대방 장점 찾기
- 건성으로 대답하지 않기
- 리액션 크게 하기
- 칭찬해 주기
- 선입견 버리기
- 먼저 다가가기
- 배려하기
- 이해해 주기
- 상대방 존중하기

아이들은 적극적인 태도로, 팀별로 큰 모조지에 적으면서 열심히 소통하고 있었다. 남학생, 여학생이 섞여 있고 각기 학교와 학년이 다르니 좀 어색할 법도 한데 서로 잘 어울렸다.

그런데 유난히 처음부터 내 눈에 거슬리는 남학생 하나가 있었다. 나는 모든 교육 시간 내내 뒷자리에 앉아 학생들과 같이 교육을 받고 학생들을 살핀다. 현수는 옆에 앉은 여학생과 계속 스킨십을 하는 것이었다.

사춘기 남학생인 줄 알지만 여학생은 생각보다 진한 화장을 하고 왔고 현수라는 중학생 남자 아이는 여학생의 손을 계속 주물럭거리고, 어깨에도 손을 얹고 하는 것이었다. 다른 학생들이 힐끔힐끔 보고 있고 특히 자기보다 어린 중학생들이 그 시선을 피하느라 애쓰는 것이 보였다.

나는 교육시간 내내 그 태도에 좀 불편하고 불쾌했다. 왜 저러지? 화가 났지만 교육이 끝날 때까지 꾹 참았다. 하루 교육 시간이 끝나고 그 남학생을 밖에 한쪽으로 불렀다.

"현수야, 교육시간에 그렇게 행동하면 어떻게 해. 중학생들이 교육에 집중 못 하고 너하고 그 여학생만 쳐다보는 거 알았어, 몰랐어! 네 여자 친구니? 교육시간에 그러면 안 돼! 많은 돈을 들여 하는 교육 프로그램이고 다른 학교 학생들도 많은데 그런 태도로 여길 오면 안 되지."

나는 훈계랍시고 열심히 나무랐다. 현수는 고개를 푹 숙인 채 가만히 듣고 있었다. "다음 시간에도 그런 태도로 교육 받으려면 여기에 오지 마라!" 나는 엉겁결에 안 해야 할 말을 해 버렸다.

그 뒤로 교육시간에 현수의 얼굴을 보지 못했다. 나중에 안 사실이지만 현수 할머니가 사랑 나눔 사무실에 "현수가 사랑 나눔 교육이 너무 좋다고 몇 달을 신나서 다니고 행동도 좋아졌는데 갑자기 안 간다고 하네요. 그래서 마음이 아프네요." 하고 전화가 왔다고 간사님이 말해주었다.

너무 속이 상했다. 나의 훈계가 너무 잘못되고 무례했다. 두고 두고 후회하고 마음이 아팠다. 적어도 왜 그렇게 행동했는지, 기분을 물어보고, 차근차근 그 행동에 대해 물어봤어야 했다.

"현수야, 미안하다. 선생님은 그 뒤로 여러 번 네 생각이 났고 진심으로 사과하고 싶었다. 현수야, 그 시간까지 배운 리더십 교육이 조금이라도 너의 인생에 도움이 되기를 바란다. 무례한 훈계를 마음에 담아두지 않기를 기도한다."

내가 그때 감정코칭 상담기법을 알았더라면 현수에게 상처도 주지 않고 리더십 교육을 끝까지 잘 마쳤을 텐데. 나는 자식들에게도 이렇게 훈계하고 질책했구나 하는 생각에 미안한 마음이 든다.

공감, 수용하고 인정하지 않고 행동만 보고 바로 훈계를 해버리는 것, 그것은 어떤 이유로든 잘못되고 무례한 훈계이다. 모든 어른과 선생님들이 아이들 마음을 다치게 하지 않고 소통을 잘하기 위해서는 무슨 일이든 물어보고 또 물어봐야 한다. 어떤 행동이 나오기까지는 그 뒤에 숨어 있는 감정과 그럴 만한 이유가 분명히 있기 때문이다. 질문하고 충분히 들어줄 때, 훈계나 질책이 아닌 마음 따뜻한 소통을 할 수 있다.

복이 되는
부메랑 소통

오스트리아 서부 및 중앙부의 원주민이 사용하는 무기 중의 하나가 부메랑이다. 활처럼 등이 굽은 나무막대기를 사냥감을 향해 던져 맞히지 못하면 그대로 돌아오는 것이 부메랑이다.

지점장을 할 때 일이다. 몹시 까다로운 VIP 고객이 있었다. 관리하는 설계사를 바꿔달라는 요청이 왔다. 포용력이 좋고 경력이 오래된 직원을 불러 그 고객을 만나러 가기 전에 상담을 했다. 그리고 나는 직원에게 그 고객에 대해 반대로 이야기했다. 그분은 너무 인성이 좋은 분이시고, 능력도 대단하시고, 사람을 좋아하는 따뜻한 분이니 가서 잘 상담하고 오라고 했다. 직원이 지점에 돌아올 때까지 사실 나는 좀 불안했다. 직원은 생각보다 늦게 지점에 도착해서 뜻밖의 소식을 들려주었다.

"지점장님이 그러시는데 능력도 좋으시고 굉장히 따뜻한 분이라고 칭찬하셨어요." 하고 첫 마디를 전했고 웃으면서 2시간 동안 이야기도 했고, 그분이 저녁까지 먹고 가라 해서 함께 이른 저녁을 먹고 추가 계약을 하고 돌아왔다고 했다. 다행이고 기분이 좋았다.

만약, 내가 가기 전에 그 고객에 대해 "까다롭고 예민하고, 불만도 많으며, 돈 자랑을 많이 하는 사람이다."라고 말했다면 우리 직원은 어떤 마음으로 가서 상담을 했을까? 사람과 사람이 통하려면 선입견이 없어야 한다. 내가 먼저 긍정의 선입견을 가지고 대화를 시작하면 훨씬 더 잘 통할 수 있다.

이 시대의 화두는 소통이다. 가정, 기업, 나라, 대통령, 모두 소통을 강조하고 있다. 소는 막힌 곳을 뚫고 흐른다는 뜻이고, 통은 대나무처럼 비어 있다는 뜻이다. 즉, 막히지 않고 대나무처럼 비어 있어 잘 흐른다는 것이다. 소통은 말 그대로 서로 통한다는 말이다. 한쪽이 막혀 있으면 거꾸로 부메랑처럼 자신에게 되돌아온다. 비워내는 것은 배려하고 공감하는 것이다.

우리는 하루에도 수많은 대화를 하고 살고 있지만, 그 모든 대화가 유쾌하거나 즐겁지만은 않다. 생각해보자. 내가 만약 상대방의 복을 빌어주고 잘되기를 바라는 마음으로 말을 했다면 상대방도 당신에게 좋은 말로 답변할 것이다. 말하는 방법과 말투만 바꿔도 기분이 달라지고 성격이 달라진다.

"친절한 말 한마디가 세 번의 겨울을 따뜻하게 한다."

일본 속담에 있는 말이다. 내가 먼저 따뜻한 말, 사랑의 말, 친절한 말을 전하면 그 말들은 복이 되어 부메랑처럼 그대로 나에게 돌아온다.

이혼하는 부부는 대화하는 말투만 보아도 언제 이혼할 것인가 알 수 있다는 카트맨 연구 결과도 있다. 인간과 동물을 구별하는 것은 용서, 수용, 공감, 존중이다. 이것은 동물은 할 수 없는 것들이다. 오로지 인간만이 할 수 있는 마음 소통의 하나이다.

내가 먼저 용서하고 수용하고 공감하고 존중할 때 진정한 소통을 할 수 있다. 피가 통하지 않으면 사람이 죽고, 길이 막혀 있으면 어디도 갈 수 없고, 하수구가 막혀 있으면 냄새가 나고 언젠가 위로 폭발한다.

나를 비우면 통할 수 있다. 상대방의 비움을 바라기 전에 내 마음을 먼저 비우면 누구라도 소통할 수 있다. 복이 되는 부메랑 소통은 이런 것이다.

＊ 당신의 좋은 기운이 느껴져요.

* 당신을 보면 기분이 좋아져요.

* 함께하니 제가 행운입니다.

* 당신 덕분입니다.

* 은혜는 잊지 않겠습니다.

* 당신이 있으면 분위기가 좋아져요.

* 좋은 일이 있으실 거예요.

* 언제든지 말해도 돼요.

* 너무 잘 어울리네요.

* 오늘 더 멋지시네요.

* 더욱 건강하세요.

* 당신과 함께 있으면 힘이 나요.

이왕이면 복이 되는 말로 씨를 뿌리자. 그 씨는 부메랑이 되어 되돌아와 자신이 복을 받는 행운이 온다.

당신의 좋은 기운이 느껴져요

치즈 케이크
한 조각

오랜만에 찾아온 친구와 비빔밥을 먹었다. 가까운 곳에서 커피를 마시고 싶어 처음 보는 커피숍에 들어갔다. 분위기는 고급 레스토랑처럼 깔끔하고 세련되었다. 이야기를 나누며 커피를 마시고 있는데 아르바이트 학생으로 보이는 젊은 남자가 시키지도 않은 치즈 케이크과 포크 두 개를 가지고 왔다. 그리고 말했다.

"이사장님! 이것은 제가 드리는 서비스 케이크예요. 이사장님은 잘 모르시겠지만 저는 3년 전 고등학교 때 전북 사랑 나눔에서 카네기 리더십 교육을 받은 학생이에요. 지금은 전북대에 다니고 있고 여기서 아르바이트를 합니다. 맛있게 드세요."

나는 좀 놀랐지만 너무 감동했다. 그러고 보니 그때도 유난히 키가 커서 생각나는 학생이었다. 그 아이는 유난히 열심히 해서 교육 기간 중 회장을 맡았던 학생으로 기억되었다. 나는 친구에게 내가 하고 있는 사랑 나눔 봉사활동에 대해 이야기했고, 친구가 이런 훌륭한 친구가 있었다며 많은 칭찬을 해 주었다.

기분이 들떴고 뿌듯해 싱글벙글 웃으며 행복한 시간을 가졌다. 뜻밖의 선물 치즈 케이크 한 조각! 나중에 자기도 직장에 들어가면 사랑 나눔 회원이 되겠다는 학생! 사랑 나눔 일이 이런 거였다.

한 사람이라도 자신의 소중함을 깨달고 목표를 위해 노력하고 어른이 되면 사회에 중요한 일을 하고 싶은 마음을 갖게 하는 것! 그날은 씨앗을 뿌려 작은 열매를 보는 그런 기분이었다. 치즈 케이크 한 조각이 최고급 음식을 먹은 것 같은 행복을 주었다.

사람은 살면서 생각지도 않은 뜻밖의 선물을 받으면 행복하고 기쁘다. 기쁨은 기가 뿜어져 나온다고 했던가, 마음이 담겨 있기 때문에 더욱 그랬다.

영업을 할 때 일이다. 두 아이를 둔 젊은 엄마는 보험을 들고 싶어 했고 상담을 하니 30만 원 정도를 하고 싶다고 했다. 내가 실수입과 생활비, 아이들 교육비를 계산해 보니 그 금액은 무리였다. 실적을 올리기 위해서는 계약을 해야 했지만 진심으로 그 사람의 입장을 생각했고 보험료를 조정해서 7만 원 계약을 했다.

나중에 남편 급여가 오르거나 좀 좋아지면 추가 계약을 하시라고 전했다. 아이 셋을 키워 본 나는 아이들 교육에 대해서도 서로 이야기를 많이 나눴고, 아이 엄마는 유익한 정보라며 만족해했다.

1년이 지났을 때쯤 이 엄마는 작은 선물을 가지고 지점에 찾아왔다. 그것은 성모마리아님이 그려진 조그만 도자기 꽃병이었다. 자신이 직접 만든 거였고 내가 천주교 신자여서 마리아님을 그렸다고 했다. 도자기 꽃병은 생각보다 예쁘고 마음에 쏙 들었다. 뜻밖의 선물 '성모 마리아 도자기 꽃병!' 15년이 지난 지금도 우리집 현관에 예쁘게 자리 잡고 있다. 고마운 선물의 감동은 지금도 내 가슴에 따뜻하게 남아 있다.

살면서 누구나 손해를 보는 일이 많다. 그리고 내가 준 만큼 똑같이 받을 수도 없다. 하지만 내가 뿌린 것 이상으로 더 많이, 더 다른 모습으로 뜻밖의 선물이 있다는 것을 알아야 한다. 그것의 감동은 평생 갈 수 있는 최고의 선물이기 때문이다.

소통의 방법에는 여러 가지가 있다. 말로 하는 소통, 눈으로, 귀로, 행동으로 하는 소통. 나는 마음을 전하는 선물로 하는 또 하나의 소통의 있다는 의미를 알았다. 감동의 선물을 받아 기쁘고 감사하지만, 나 또한 다른 사람에게 감동의 선물을 주는 그런 사람으로 살고 싶다.

마음의 작은 선물이 평생 그 사람과 마음 소통을 할 수 있는 소중한 인연이 된다.

"고3인데
가야 돼요?"

　매년 12월엔 장애인이 있는 재활원에 가서 아이들과 함께 봉사 활동을 하거나 연탄 나눔을 한다. 그 아이들은 사랑 나눔 단체에서 체험학습과 인생교육 리더십 교육을 받는 학생들이다. 초, 중, 고 학생들은 대부분 형편이 곤란하고 부모가 없거나 조부모와 살고 있는 불우한 아이들이다.

　신체는 정상적이고 건강하기 때문에 아이들과 함께 장애를 가지고 있는 또래나 어른들을 찾아가는 것이다. 아이들이 준비한 춤과 노래도 하고 재활원에 있는 장애인과 같이 뛰고, 게임을 하고, 춤도 추고, 간식도 같이 먹는다. 휠체어에 있는 사람들은 휠체어도 밀고 같이 도와주어야 하며, 간식을 먹을 때도 흘리지 않게 도와주어야 한다. 주로 토요일에 하는 봉사활동이다.

아들이 고3일 때 나는 같이 봉사활동을 가자고 제안했다. 별 힘듦 없이 학교에 다니는 아들에게 힘들게 살고 있는 또래 아이들을 보여주고 싶은 내 의도가 있었다. 더 솔직히 말하면 '장애를 갖고 이렇게 힘들게 사는 사람들도 많다. 너는 신체 건강하니 좀 더 최선을 다해 공부하면 되지 않겠냐.'는 사실을 깨닫게 해주고 싶었다.

아들은 "나 고3인데 꼭 봉사활동을 가야 돼요?" 하고 세 번이나 계속 물어보았다. 일 등도 안 하면서 괜찮다며 "전교 회장은 이런 체험도 필요해. 그게 리더십이야." 하고 나는 잘난 체도 했다.

아들의 말이 안 가고 싶다는 뜻인지 알지만, 나는 모른 척하고 아빠도 가고 누나도 가는데 한번만 함께 가자고 제안했다. 모처럼 온 가족이 함께 가게 되어 나는 신이 났다.

재활원에 도착했을 때 아들이 어떻게 하는지 몰래몰래 바라보았다. 봉사 조끼를 입고 있는 아들을 보니 나는 푼수처럼 히죽히죽 웃음이 나왔고 기분도 좋았다. 사실 처음 장애인 시설에 갔을 때 갑자기 끌어안고, 웃고 있어서 나는 좀 무서웠다. 무서웠다기보다는 그 사람들의 이상한 표정과 몸짓에 도망치고 싶었다.

아들은 의연했다. 여러 번 와 본 사람처럼 천천히 우유와 빵을 먹여 주었고 휴지로 흘리는 것을 닦아가며 잘하고 있었다.

'어? 우리 아들 모습이 아닌데? 비위가 저렇게 좋았나?' 평소에 깨끗이 정리 정돈을 잘하는 성격이었지만 조금은 놀라웠다. 봉사 활동을 마치고 집으로 돌아오는 차 안에서 아들이 말했다.

"엄마! 오늘 나는 우리 엄마 아닌 줄 알았어. 다른 엄마를 보는 것 같았어!" 하고 말했다. 나는 왜 그렇게 생각하냐고 물었다. 그러니 "엄마는 집에서 왕비처럼 사는 사람인데, 이런 일을 7년씩 하고 있다니 멋진 엄마야. 존경스러워요. 울 엄마 최고!"라고 했다. 분명 최고의 칭찬이었다. 나는 아들에게 진심 어린 칭찬을 받고 흥분되어 창문 밖으로 날아갈 것 같았다.

그 뒤로 우리 가족은 겨울에 연탄 봉사도 같이 해 보았다. 온 가족이 함께하는 봉사 활동은 두 배, 세 배, 아니 백 배 그 이상으로 행복하다.

어느 부모든 자식에게 좋은 것을 알려주고 싶은 마음은 똑같다. 고3 아들의 공부한다는 토요일을 빼앗았지만 아마도 평생 잊지 못할 소중한 시간이 되었을 것이다. 백 번 천 번 봉사에 대해 강조하는 말보다 한 번의 실천이 주는 깨달음이었다. 쉬고 싶은 토요일에 함께한 남편, 사랑 나눔 회원들이 너무 고맙고 감사하다. 함께했기 때문에 12년이 행복하고 따뜻했다. 아직도 예쁜 얼굴에, 너무 좋아서 쉬지 않고 춤을 추었던 재활원 여자아이 얼굴이 눈에 선하다. 간절한 마음으로 그들이 조금이라도 건강해지길 기도해 본다.

금수저
복순이

　우리 집에는 금수저가 하나 있다. 그것은 바로 가족의 온갖 사랑을 받고 있는 강아지 복순이다. 딸은 영어 이름으로 세련되게 부르자고 했지만 강아지 들이는 걸 별로 좋아하지 않는 남편은 복순이가 좋겠다고 했다. 복을 부르는 이름이어서 괜찮다는 생각이 들어 복순이가 되었다.

　데려온 지 석 달 만에 복순이는 촐랑거리다 문틈에 한쪽 발이 끼여 깨갱깨갱 난리가 났다. 얼른 애견병원에 데리고 갔다. 예쁘게 생긴 간호사가 말했다.

　"애기 이름이 뭐예요?"

　"애기 체중을 달아볼게요. 애기 주사 맞는 기록 카드는 가지고 오셨어요?"

새끼손가락만 한 다리 하나 깁스하는 데 사진 찍고 약까지 15만 원이었다. 와…….. 사람이 다니는 병원 못지않은 가격이었다. 속으로 어이없고, 애기라는 말에 웃음이 나왔다. 강아지가 사람처럼 존중받는다는 생각도 들었다.

서울에서 먼저 강아지를 키우는 언니가 "너무 행복하다. 가족의 이야깃거리가 많이 생기고 강아지로 인해 말없는 가족들이 많이 웃으면서 살게 됐다."고 자랑을 했다. 별 관심 없이 이야기를 들었다. 언니는 조카딸이 친구도 별로 없고 대화도 잘 안 하는 내성적인 성격이니 너희도 강아지를 키우면 정말 도움이 되고 좋아진다고 열변을 토해냈다. 언니 말이 맞다는 생각에 복순이를 키우게 되었다.

이제 애완견 천만 시대라 한다. 왜 그럴까 생각해 보았다. 보통의 강아지들은 항상 가족이 밖에 나갈 때 쏜살처럼 튕겨 나와 알은체를 하고, 돌아오면 기다렸다는 듯이 현관에서부터 꼬리를 흔들고 애교를 떨며 졸졸 따라다닌다. 사실 기분이 좋아지고 귀엽고 사랑스럽다. 이 세상에서 아무 생산적인 일도 하지 않고 먹고 자고 싸고 사랑받기 위해 애교를 떨고 사는 것은 강아지란 생각이 든다.

복순이가 집에 온 뒤로 대화가 많아진 것은 사실이다. 알아듣는다고 생각하고 복순이를 쳐다보며 가족들이 말한다. "복순이 오늘 심심했지? 간식 줄까? 이 닭을까? 아이, 예쁘다. 복순이 손 한번 주세요." 복순이한테는 항상 다정스럽게 이야기하며 쓰다듬어 준다.

나 또한 딸아이한테 말하는 것 이상으로 강아지에게 사랑과 관심을 보인다. 어떤 때는 온 가족이 소파에 앉아 멍 때리고 TV를 보고 있으면 복순이는 마주 보고 앉아 우리 가족을 빤하게 쳐다보고 있다. 우리가 복순이의 재롱을 구경하는 게 아니라 복순이가 이 사람들이 뭐하고 있나 구경하는 것 같아 웃음이 났다.

남편이 복순이한테 화를 내면 나는 무조건 강아지 편을 든다. 그리고 그날 우리는 부부싸움을 한다. 왜 화를 내냐며, 강아지는 말 못 하는 동물이니 알아듣지 못한다고 하며, 나는 또 화를 낸다. 어이없는 상황이다. 복순이로 인해 기분도 좋고 대화를 많이 하기도 하지만 복순이로 인해 가끔씩 마음이 불편하기도 하다. 세상에는 기분 좋은 일만 있을 수 없듯이 동물에게 도움을 받으면 감수해야 할 부분이 있다.

인간은 사랑받기 위해 태어난 존재이다. 그 대상이 사람이든 동물이든 거기에서 행복감을 느낀다. 요즈음 개 대통령이 나올 정도로 애견 인구가 늘어나고, 인생의 '반려'견이 되었다. 외로움을 잘 견디지 못하고 누군가와 소통하고 싶은 사람의 마음 때문이다.

몸이 피곤하고 스트레스가 쌓인 날은 한가롭게 누워서 자고 있는 복순이를 보면 부러울 때가 있다. 그래서 개 팔자를 상팔자라 했나 보다. 연구자들은 애완동물과 친구가 되는 것은 정신 건강에 도움이 된다고 했다.

세상은 빠르게 변하고 있지만 그럴수록 외롭고 힘들어서 대화하고 싶어 하는 사람들이 많아지고 있다. 사랑과 관심을 좋아하는 애완동물에게는 많이 주고 있지만, 그 관심을 사람에게 조금 더 많이 나눠줄 수 있어야 한다. 동물과 교감하는 소통보다 사람과의 소통이 많아지길 바란다. 나 또한 복순이에게 하는 부드러운 대화를 남편과 가족에게도 할 수 있도록 노력해야겠다.

3년을
말 못 한 눈물

초록빛 나뭇잎이 나의 눈을 행복하게 해주는 4월 11일. 날씨가 너무 좋았다. 1시간 정도 운전을 하고, 9년째 봉사하고 있는 시골마을 진안에 도착했다. 인보 수녀회에서 수녀님이 운영하고 있는 다문화 센터이다. 그동안 한국음식 만들기, 경제교육, 부부대화법, 캘리그래피, 감정코칭, 도자기 만들기, 인성 교육 등 수많은 프로그램을 해 왔다. 그런데 오늘처럼 속이 시원하고 가슴 뿌듯한 날이 없었던 것 같다.

감정코칭 두 번째 날이었다. 비가 와서 그런지 이 날은 다문화 엄마들이 5명이 전부였다. 농사일이 없을 때는 20명이 넘는 엄마들이 참석한다. 그것도 수녀님이 시골길을 차로 돌며 엄마와 아이들을 데려와야 많이 참석할 수 있다.

나는 노트북을 켜놓고 한 사람씩 눈을 보며 "여기 오느라고 고생하셨어요. 반갑습니다. 사랑합니다. 오늘도 너무 감사한 날입니다." 인사를 하고 돌아가며 각자의 기분을 물어보았다.

그런데 그중 우즈베키스탄에서 온 엄마가 어두운 표정으로 "너무 힘들어요. 속상해요." 하며 가슴을 치면서 "속이 터질 것 같아요."라고 했다. 몇 년 전부터 나는 이 엄마가 아이 셋을 키우느라고 힘들겠구나 생각이 들어서 "힘들었군요! 그래, 얼마나 힘들어요! 무슨 일이 있었어요?" 하고 물어보았다.

문제는 그때부터 시작되었다. 그 엄마는 이미 준비해 놓은 사람처럼 뚝뚝 눈물을 흘리며 서럽게 울었다. 그러면서 자신의 이야기를 털어 놓았다. 사연인즉 아이 셋에 형편이 안 좋으니 농사일 하는 남편도 돕고 돈을 벌고 싶었다고 했다. 자신이 힘들게 노력해서 미용사 자격증을 땄고 미용실에서 보조로 일해 돈을 벌어야 되는데 남편은 무조건 일하지 못하게 하고 대화도 하지 않는다고 하소연을 하며 뚝뚝 눈물을 흘렸다. 그런데 동시에 5명 엄마가 엉엉 울면서 서로 이야기를 하기 시작 했다.

필리핀 엄마는 "남편은 맨날 나를 너무 무시한다." 베트남 엄마는 "시어머니는 나를 쉴 틈도 없이 매일 일만 시킨다." 등 하소연이 끝없이 나왔다. 그렇게 힘들고 속상한 걸 왜 그동안 말을 하지 못했느냐고 물어봤더니 처음 3년은 한국말을 잘 못 해서 표현을 못 했고, 한국말도 정말 어렵다고 했다.

마음이 아프고 답답했다. 너무 시끄러운 울음소리 때문에 수녀님이 뛰어오셨다. "선생님 오늘은 강의를 못 하시겠네요, 죄송해요."라고 말하며 당황하셨다.

나는 "수녀님 괜찮아요. 저는 지금 PPT 끄고 감정코칭 잘 하고 있어요."라고 하였고 수녀님은 "오늘따라 엄마들이 왜 그러지?" 하며 고개를 갸우뚱하셨다. 강의실이 울음바다가 되었고 나는 두 시간 동안 그들의 하소연을 들어주고 또 들어주었다. 공감하고 그 기분에 함께 머물러 주며 함께 울었다. 그것이 전부였다.

수녀님이 점심을 준비해 주셔서 함께 점심을 먹는데 "선생님 오늘 너무 속이 시원해요. 나도, 나도, 나도……." 하며 엄마들은 약속이나 한 듯이 밝게 웃었다. 두 시간 전과 너무 다른 표정이 나도 놀라웠다. 밥맛이 참~~ 좋았다.

우리나라는 이제 다문화 인구 200만 시대가 되었다. 처음 봉사를 하던 9년 전만 해도 혼자서 센터에 왔던 다문화 엄마들이 이제는 보통 아이를 둘, 셋, 넷까지 데리고 다닌다. 이제는 나라에서, 군에서 경제적, 물질적 도움보다 이들이 잘 적응할 수 있는 문화와 소통하는 방법을 알려주는 게 중요하다.

언어가 다른 사람들이 대한민국에 와서 아이를 낳고 적응하며 산다는 자체도 너무 힘든 일이다. 더구나 남편, 시부모와 마음 편한 소통을 하기는 우리가 상상하는 이상으로 힘들고 어렵다. 남편과 시부모가 다문화 엄마들의 외로운 감정을 조금만 더 이해해준다면 행복한 엄마, 따뜻한 가정이 될 수 있다는 확신이 든다.

운전을 하면서 전주로 돌아오는 길에 생각했다. 멋진 자료와 동영상을 가지고 20~30명씩 하는 감정코칭 강의보다 오늘이 가장 뿌듯하고 마음 따뜻한 날이다.

"나는 일만 하러 한국으로 시집온 거 같아요."라고 말한 베트남 엄마의 말이 아직도 내 가슴에 체한 것처럼 남아 있다.

자원봉사는 희생과 마음 아픔을 각오하고 시작해야 한다. 너무 재밌고 보람으로 꽉 찬 자원봉사는 없는 것 같다.

다음 달 교육엔 남편들을 불러 부부 대화법을 실천하는 시간을 가져보기로 했다. 3년을 말 못 한 눈물! 그 눈물이 우리가 함께 나눈 소통이었다.

도미노
사랑

나 하나 꽃 피어

풀밭이 달라지겠냐고

말하지 마라

네가 꽃 피고 나도 꽃 피면

결국 풀밭이 온통

꽃밭이 되는 것 아니겠느냐

나 하나 물들어

산이 달라지겠느냐고도

말하지 말아라

내가 물들고 너도 물들면

결국 온 산이 활활

타오르는 것 아니겠느냐

좋아하는 조동화님의 시 「나 하나 꽃 피어」이다. 이 시를 보면 사랑 나눔에 후원해 주시는 한 분 한 분이 꽃피워 이룰 수 있는 아이들의 꿈이 생각난다. 한 사람 한 사람의 회원들이 매월 만원, 이만 원씩 후원해 주시고 재능기부를 해 주셔서 함께 교육 사업을 할 수 있다. 이 시처럼 후원해 주시는 한 분 한 분이 꽃피워 12년의 꽃봉오리가 되었다. 처음, 12년 전 10명도 채 안 되는 사람들이 한뜻으로 모였다.

아이들의 교육을 위한 일을 하고 싶은 사람들의 의지와 마음은 같았으며 청소년들의 인생 교육과 리더십 교육으로 초점이 모아졌다. 이 일이 잘될 것인지 자신은 없었지만 시작해보기로 마음을 모았다. 모두 지갑이 얇은 사람들이었다. 회원 모집을 해야 운영할 수 있는데, 반신반의하며 걱정이 많았다.

사랑 나눔 봉사단체는 처음부터 공동 이사장 체계로 시작했다. 나는 복이 많은 사람이었다. 주위에 있는 지인들, 고객들, 회사 직원들, 친구들, 친척들, 두말하지 않고 기꺼이 후원자가 되어 주었다. 또한 "좋은 일 하는데 잘되어야지." 하며 격려의 말도 아끼지 않았다. 큰 힘이 되었고 더 잘하고 싶어졌다. 서로의 진심이 전해졌고, 교육 프로그램도 좋다며 사람들은 다른 후원자를 또다시 소개해 주었다.

세상은 따뜻하고 좋은 일을 하려고 하는 사람들이 너무 많았다. "만 원 가지고 내가 무슨 좋은 일을 하겠어요." 하며 겸손해 하시는 분들도 많았다. 큰 관심과 사랑의 힘은 무섭게 도미노처럼 번져나갔다.

시간이 갈수록 회원은 늘어났고 더 많은 도움이 필요한 아이들에게 좋은 기회가 되었다. 감사하고 고맙다! 감동이고 힘이 났다! 어떤 말로 표현을 해도 사실 부족하다. 한 분 한 분의 후원이 꽃 피어 결국 온 산이 달라지고 아름다운 꽃밭이 되었다.

나라에 대한 불평이 많은 사람도 있고 직장에 불평이 많은 사람도 있다. 하물며 자기 가정, 부모에게도 불평이 많은 사람이 있다. 그것은 자신의 마음에 불평이 많기 때문이다. 처음엔 나도 좀 그랬다. 그러나 봉사활동을 하면서 세상 불평을 하는 사람이 많은 게 아니라 고마워하고 있는 사람들과, 좋은 일을 하고 싶어 하는 사람들이 훨씬 더 많다는 것을 깨달았다. 조동화 시인의 시처럼 말이다.

함께 희생하는 당신 한 사람이 있었기에 12년의 봉사가 가능한 일이었다. 한 사람 한 사람이 희망이었으며 그 희망이 힘든 아이들의 꿈을 키우는 나눔 소통이 되었다.

12살
희망나무

　산이 있는데 나무가 없다면 어떠할까? 마을에 나무가 한 그루도 없다면 어떤 느낌이 들까? 생각만 해도 섬뜩하다. 나무라는 말만 들어도 우리에게 편안함과 휴식을 준다. 산책을 하며 나무를 바라보면 사람들의 얼굴처럼 사람들의 마음처럼 다 다르고 개성이 있다.

　나무는 작은 씨앗이 새싹을 틔우고 가지를 만들어 조금씩 두꺼워진 몸통이 된다. 바람, 햇빛, 그늘, 흙의 도움을 받고 푸르고 큰 나무가 되어 숲을 이룬다. 그 숲 안에는 연약한 나무, 번듯한 나무, 잘생긴 나무, 구부러진 나무, 그저 그런 나무 나름대로의 멋과 자태가 있다.

나는 사랑 나눔이란 숲에서 교육받는 아이들에게서 이처럼 여러 나무들을 본다. 바로 희망나무이다. 사단법인 전북 사랑 나눔은 이제 창립 12년이 되었다. 사랑 나눔의 창립취지는 전라북도 내 저소득층 소년·소녀 가장, 생활보호대상자, 보육원 아이들, 다문화 아이들, 초, 중, 고 청소년을 대상으로 인성교육과 리더십 교육, 체험학습을 하는 봉사단체이다.

　고기를 잡아주는 것이 아닌 세상을 살아가면서 알아야 할 고기 잡는 법을 교육시킨다. 이제는 인성이 실력인 시대에 남을 이끄는 리더십도 중요하지만 자신을 이끌 수 있는 리더십 교육을 강조하며 교육과 여러 체험을 하게 한다. 경제적으로 체험하기 힘든 발명체험, 스키, 승마, 한지문화, 음악심리, 도자기 만들기, 신문 만들기 등등 현재 43차에 걸친 체험 프로그램을 하고 있다. 또한 각계에 있는 성공하신 분들과 교육전문 강사들을 초청해 인성과 리더십 교육을 병행하고 있다.

　사랑 나눔에는 창립 때부터 자랑거리가 하나 있다. 후원자들이 후원해 주신 후원금은 절대 운영위원회 회의 비용이나 식사 비용에 한 푼도 쓰지 않는다. 처음 창립 목적을 지금도 지키고 있다. 오롯이 청소년 프로그램에만 사용되고 있는 진실한 단체이다.
　처음에는 시간과 재능기부의 봉사만을 강조하다 보니 약간의 불편함이 있었지만 지금까지 한마음으로 12년을 달려왔다.

운영위원들은 사비를 털어 1년에 한 번, 창립 기념일에 주년행사를 한다. 고마운 후원회원님들을 초대해 식사대접을 하고 회원들은 재능기부로 노래, 악기연주 등 행복한 축제의 시간을 갖기도 한다.

70세가 넘은 송 할아버지는 11주년 행사에 오셨다. 정직하게 일하는 게 멋지다며 10명의 사람들을 사무실에 손수 모시고 오셔서 후원자가 되셨다. 사실 할아버지는 삼 년 전 사무실 근처를 지나시다가 우연히 사무실에 오신 분이셨다. 다른 곳에도 후원을 하고 계신 분이셨고 "내가 사는 지역에서 힘든 아이들을 돕는다면 더 좋은 일 아니겠느냐."고 하셨다. 몇 번이고 감사의 말을 했지만 할아버지는 '지역 어른이 할 일'이라고 말씀하시며 연탄봉사도 아이들과 같이하셨다.

사랑 나눔은 500여 명의 후원자님이 함께했기 때문에 12살 희망나무를 키울 수 있었다. 10년이 넘게 끊이지 않고 후원해 주시는 분들이 있었기에 가능하다.

그분들이 아이들에게 햇빛이 되고, 비가 되고, 바람이 되고, 최고의 토양이 되어주신 분들이다. 함께했기에 가능했던 일이다. 이 분들이 세상의 진짜 리더이고 지역의 어른이시다.

나는 직원들에게 가끔 "지점장님은 사랑 나눔 이사장이에요, 메트라이프 호남지점장이에요?" 하는 쓴소리도 들었다. 하지만 봉사활동을 하면서 내 삶은 풍요로워졌고 행복해졌다. 또한 내 아이들에게 자연스럽게 봉사의 행복을 알려주었다.

삶의 진정한 가치, 기쁨을 알게 되어 감사하다. 아이들과 교육 프로그램을 진행하면서 내가 더 깨닫고 배웠으며, 나눔보다 더 큰 좋은 사람들을 얻었다.

사랑 나눔은 희망나무라는 이름으로 1년에 한 번 작은 책자를 만들어 회원들에게 보내드린다. 후원자님들이 키운 꿈나무들의 교육과 활동을 알려주기 위함이다. 학생들은 나중에 본인도 꼭 봉사를 하겠다고 말한다. 돈을 많이 벌면 빌 게이츠나 워렌 버핏처럼 기부하는 사람이 되겠다고도 한다. 이야기만 들어도 미소가 지어지고 마음이 따뜻해진다.

나눔은 소통이었다. 12살 희망나무를 키워온 사랑 나눔 회원님들에게 이렇게 말하고 싶다.

"당신의 인생은 이미 훌륭합니다! 당신은 이미 아이들의 희망입니다."

정현종 님의 시 「방문객」 한 구절이 가슴에 남는다.

"사람이 온다는 건 실로 어마어마한 일이다. 한 사람의 일생이 오기 때문이다."

한 사람, 한 사람이 모여 아이들의 후원자가 되고, 그 후원이 한 아이의 일생을 바꾸고 꿈이 되고 행복하게 할 수 있다는 희망을 나는 버리지 않는다.

끝까지 하는
인내심이
멋지구나

외로우면
일을 해라

"나는 25년을 전업 주부로 희생하고 살았다. 자식들이 성장해 취업을 했는데 아들이 돈을 벌고 있으니 부모에게 아쉬울 것도 없어 매일 거의 늦게 들어오고 이야기도 잘 하지 않는다. 남편은 성실하게 회사를 다녔지만 이제 퇴직할 나이라 걱정만 하고 산다. 나는 요즘 너무 사는 게 재미없고 외롭다. 외로워서 우울증에 걸릴 지경이다. 나는 그동안 뭐 하고 살았나, 한심하다. 몸은 여기저기 아프고 자꾸 눈물이 난다."

20년 이상을 함께해 온 후배가 오랜만에 찾아와 나에게 털어놓은 하소연이다.

"그렇구나. 힘들었겠네. 그럴 수 있어. 나도 그럴 때가 있어." 하고 들어주었다. 이야기를 듣고 한참이 지났을 때 나는 제안을 했다.

"이제 너는 여유도 있으니 꼭 돈을 목적으로 하지 말고 일을 해 봐. 남에게 도움이 되는 일은 얼마든지 많아. 그리고 너는 지금까지 잘 살아왔어. 억울할 것도, 속상할 것도 없어. 내가 보면 생각이 너무 많은 것 같아. 집에서 혼자 우울해하지 말고 취미 생활을 해 보든지 봉사 활동을 해 봐! 사람이 필요한 곳은 얼마든지 많아. 너는 미술 전공을 했으니 할 일도 많겠다. 산책도 해 보고 영화도 보고 그래."

위로를 한다고 했지만 후배는 별로 마음에 들지 않은 듯 했다. 그게 아닌데 왜 내 마음을 몰라주나 하는 그런 눈치였다. 그렇다. 위로가 되지 않을 수도 있고 뭐든 하고 싶어도 시도하는 용기가 부족할 수도, 두려울 수도 있다.

"외로움. 관리해 드립니다! 영국 정부는 최근 외로움 장관을 임명했다. '외로움 관리'라는 이름으로 각종 인공지능 산업이 시장을 확대하고 있다. 외로움은 현대 사회의 고질적 전염병이라는 이름과 함께 아예 질병으로 취급되고 있다."

이 글은 2018년 1월 23일자 조선일보 최보윤 기자의 기사이다. 나이 들수록 일에 대한 자신감이 떨어지고 더욱더 외로운 이유는 뭘까? 스스로 나이를 의식해서 기운을 빼고 있지는 않을까? 정말 우리나라에도 외로움 장관이 필요한 것인가 고민이 된다.

내 주위에 지인들, 친구들은 50을 넘은 사람들이 많다. 아이들을 대학까지 졸업시키고 취업도 하고 결혼시킨 사람도 있다. 만나면 주로 회자되는 이야기가 있다. 그것은 나이에 관한 것, 건강에 관한 것, 자식 걱정에 관한 것이다. 이야기를 하다 보면 시간은 많은데 너무 외롭다고 하며 우울하다고 한다. 개인의 기분이고 감정이니 그럴 수 있다. 누구도 상대의 외로움을 다 알 수도 없는 게 사실이다. 가족을 위해 돈을 벌었고 자식을 키우기 위해 앞만 보고 살았기 때문일 것이다.

지금까지 살아온 30여 년의 패턴을 갑자기 바꾸어 일을 하기는 쉽지 않고, 만만치도 않을 것이다. 그렇다고 그냥 그대로 있을 수는 없다. 엄마로서 아내로서 며느리로서 희생한 것만을 생각하며 나는 뭐지? 이제 나는 뭐 하지? 막연할 수 있다.

100세 시대 인생이다. 인생을 다시 30대라 생각하고 시작해 보면 된다. 인생 2모작, 3모작도 할 수 있다. 시간과 마음만 있다면 얼마든지 배우면서 봉사도 하고 일할 수 있다. 우리나라엔 각 대학마다 평생교육이라는 너무나 좋은 교육이 있다. 말 그대로 평생 뭔가를 배울 수 있다는 것이다. 배울 수 있는 게 큰 행복이고 기쁨이다. 나도 회사를 퇴직하자마자 평생교육원에서 바리스타, 영어, 발레, SNS 등 많은 걸 배우고 있다. 특히 명강사 명강의 학생으로 들어가서 지금은 지도교수로 강의할 수 있는 기회도 얻었다.

시도하지 않으면 아무것도 얻을 수도 배울 수도 없다. 억울해하고 속상해하는 사이에도 아까운 시간은 계속 흘러간다. 평생교육원에서 뭔가 배우는 60, 70대 어르신도 많다. 그분들의 눈빛은 반짝거리고 의욕이 넘치는 걸 나는 많이 보았다. 그분들의 열정을 보며 더욱더 평생교육의 필요성을 절절히 느낀다.

외로우면 일을 해라. 외로우니까 뭐라도 해야 한다. 그 일이 공부든, 돈 버는 일이든, 봉사든, 남의 이야기를 들어주는 일이든 세상에 일은 너무 많다. 나이 들수록 젊은이들과 체력의 차이를 인정하고 풍요롭게 나이 듦을 즐겨야 한다.

나는 솔직히 나이 듦이 좋다. 40대는 40대의 치열함과 일의 즐거움이 있었고 50대는 그전에 보이지 않았던 것, 잘 들리지 않았던 것, 느끼지 못했던 것을 좀 더 깊이 알 수 있어 행복하다. 엠마누엘 수녀님의 "나는 100살, 당신에게 할 말이 있어요."라는 글이다.

"타인의 행복을 위해 자기 삶을 희생해서는 안 됩니다. 탄탄하고 오래 지속되는 참된 사람은 자기 자신의 행복과 타인의 행복을 동시에 추구하는 사람입니다. 우리는 함께 행복해야 합니다."

함께 행복할 일은 세상에 너무 많다. 하고 싶고, 배우고 싶고, 원하는 게 있다면 지금 시작하면 된다. 늦었을 때가 가장 빠르다.

요즘 인기 있는 '아모르파티'라는 여가수의 노래는 독일의 철학자 니체의 운명관, 즉 시련의 운명도 존중하고 사랑하라는 운명애를 말한다. 현재를 즐기고 노력하라는 뜻의, '죽은 시인의 사회' 키팅 선생님의 말 '카르페디엠'을 모르는 사람이 없다. 젊은이들의 욜로족의 의미도 비슷하다. 즐기라는 말은 원하는 일을 열심히 하면서 현재를 신나게, 열심히 살라는 것이다.

"뭐든 일을 해라!" 일을 하면 행복해진다. 나이 들었다고 생각할 때, 외롭다고 생각할 때, 그때 시작하면 된다. 일을 하면 세상 사람들과 자연스럽게 소통할 수 있다. 그 소통은 사람을 외롭게 하지 않는다.

스스로 답해 보는 마음터치 TEST
- 나눔 소통

1. 칭찬할 때 내가 주로 사용하는 말은?

2. 식사 중 주로 어떤 대화를 하는가?

3. 타인의 행복을 위해 기도해 본 적이 있는가?

4. 부모가 좋아하는 음식과 색깔을 알고 있는가?

5. 당신을 가장 잘 알고 격려해 주는 사람은 누구인가?

6. 진심으로 남을 위해 봉사한 적이 있는가?

7. 나는 상대의 말에 얼마나 리액션을 잘 하는가?

8. 사랑표현을 얼마나 자주 하고 있는가?

9. 상대가 이해하기 쉬운 말을 사용해 말하고 있는가?

10. 나는 어떤 말을 하는 사람으로 기억되고 싶은가?

세상은 당신과
소통하고 싶어 한다

아기는 태어날 때 두 손을 꼬옥 쥐고 울면서 태어난다. 옹알이를 시작하며 부모의 온갖 사랑을 받고 자란다. 청소년이 되어 가면서 자기주장이 강해지고 부모와 대립을 하면서 자아를 만들어 간다.

청년이 되고 결혼을 하면서 사람관계를 하기 위한 사회적 소통, 비즈니스 소통을 한다. 그리고 나이를 먹으면 자식들과 젊은 이들과 생각의 차이를 느끼며, 고집을 놓지 못한 채 나이 들면 다 안다고 착각하며 소통한다.

사람이 죽을 때는 누워 있다가 두 손을 펴고 눈을 감는다. 우리의 인생이 대부분 이런 과정을 거치며 살고 마무리된다.

긴 역사로 보면 짧은 인생임에 틀림없다. 나이 들어 죽음에 이르는 성인이나 성공한 분들의 이야기를 들어보면 대부분 "후회 없이 살아라, 하고 싶은 거 다 해라, 도전해라, 즐겨라."이다. "꼭 돈을 많이 모아라, 꼭 부자로 살아야 한다."는 인생철학 이야기는 없다. 결국 행복하게 살라는 이야기다.

소통이라고 해서 꼭 남들과 만나 대화하는 것은 아니다. 자신의 일에서 자신과 소통하고 일할 때 타인과 자연스럽게 소통된다.

노래를 잘하는 조수미 씨는 노래로써 세계 사람들과 소통하고 피겨 스케이트를 잘하는 김연아는 스케이트로 세계와 소통한다. 또한 축구를 잘하는 박지성은 축구를 하면서 세상과 소통한다. 자신이 좋아하는 일, 할 수 있는 일, 잘하는 일을 하는 것도 세상과 소통하는 것이다. 사람마다 긍정심이 있다는 것은 세상과 소통하고 싶다는 이야기다.

나는 머리가 복잡하고 마음이 답답할 때, 어떤 문제를 해결하고 계획을 세워야 할 때, 산책을 한다. 다행히 전북대학교 캠퍼스가 우리 집에서 5분도 안 되는 거리이다. 많은 나무와 꽃을 보면서 걸으면 복잡했던 마음도 편안해지고 기분이 좋아지며 생각 정리가 잘된다. 이 또한 자연이 주는 사람과의 힐링 소통이다

이제는 당신의 마음을 열면 된다. 참지 말고 말을 하면 된다. 당신의 옆에서 위로해 줄 사람, 들어 줄 수 있는 사람이 있다. 스

스로 약해지지 말아야 한다. 마음이 먼저다. 당신의 마음 그릇 크기만큼만 당신은 소통할 수 있다. 먼저 당신의 마음을 활짝 열어 젖혀라. 큰마음으로 담대하게 세상과 마주하고 자연과 마주해 봐라. 세상은 당신과 소통하고 싶어 한다.

당신이 세상을 떠날 때 남는 것은 빈손이다. 사는 동안 내가 남에게 주었던 사랑, 물질, 기부, 봉사, 위로만이 남을 뿐이다. 괜찮은 사람을 만나 소통하고 싶다면 본인 스스로가 먼저 괜찮은 사람이 되면 된다.

좀 더 행복한 삶을 살고 싶은가! 그러면 감사하는 마음을 가져라. 현재 건강한 내 몸과 살아 있음에 감사하면 저절로 행복해진다. 나도 이 감사함을 조금만 더 일찍 깨달았으면 하는 아쉬움도 많았지만 지금이라도 감사함을 마음에 담고 살 수 있어 다행이다.

"항상 '조금만 더'라는 가난한 마음으로 살아왔다. 하루에 3천 번씩 감사하라." 차동엽 신부님의 책『무지개 원리』에 나오는 글이다. 나는 다시 한번 강조하고 싶다. 사람과 자연을 소중히 여기고 감사를 알고 살아가는 사람이라면 지금 세상과 잘 소통하고 있는 가장 행복한 사람이다. 마음 소통을 가장 잘하고 있는 사람이다.

마지막으로 부족한 나의 책을 끝까지 읽어주신 모든 분들께 진심으로 감사하다.

진심이 통하는 소통으로 행복한 에너지가 팡팡팡 샘솟으시기를 기원드립니다!

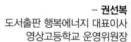

– 권선복
도서출판 행복에너지 대표이사
영상고등학교 운영위원장

우리는 살면서 수많은 사람과 대화를 하고 인연을 맺으면서 살아갑니다. 그 과정을 우리는 한 단어로 정의내릴 수 있습니다. 바로 '소통'입니다. 국어사전에서는 소통을 '막히지 아니하고 잘 통함', '뜻이 서로 통하여 오해가 없음'이라는 뜻으로 풀이하고 있습니다. 그렇다면 과연 우리는 막히지 아니한, 뜻이 서로 통하는 '진정한' 소통을 하고 있다고 말할 수 있을까요? 또 진정한 소통이란 어떤 것일까요?

『마음 Touch! 감성 소통』은 바로 이런 의문에 명쾌한 해답을 주는 '소통'의 지침서입니다. 인간은 사회적 동물이라는 말을 반영하듯, 대인관계라는 필수불가결한 요소가 때로는 우리를 지치게 만들고 스트레스의 원인이 되기도 합니다. 그러다 보니 혼자 하는 것이 편하다는 생각을 가진 사람이 늘면서 '나홀로족', '혼족'이 유행처럼 번진 시대가 되었고, 우리는 점점 소통의 기본조차도 잊고 말았습니다. 저자는 여러 가지 이유로 소통의 어려움을 겪고 있는 사람들을 위해 자신이 직접 겪은 일을 통해 공감대를 형성하며 독자들에게 진정으로 마음을 어루만지는 소통이 무엇인지 이야기하고 있습니다. 특히 모두가 외롭지 않고 따뜻한 세상이 되기를 바란다는 저자의 말이 마음에 잔잔한 감동을 줍니다.

"가는 말이 고와야 오는 말이 곱다"는 속담 속 당연한 이치처럼, 내가 상대에게 마음을 연 만큼 상대 또한 나를 믿고 마음을 열 수 있지 않을까요? 한 걸음 더 가까이, 진심으로 상대에게 다가가 따뜻한 말을 먼저 건넨다면, 더 이상 잘못된 소통으로 인해 상처 받는 사람들은 없을 것입니다. 따뜻하게 마음을 어루만지는 소통으로 이 책을 읽은 독자분들께 행복과 긍정의 에너지가 팡팡팡 샘솟으시기를 기원드립니다.

세상의 문을 두드려라

한영섭 지음 | 값 20,000원

이 책 『세상의 문을 두드려라』는 전국경제인연합회 입사 후 인간개발연구원 4대 원장에 이르기까지 쉴 새 없는 도전의 삶을 살았던 한영섭 저자가 지나온 인생 동안 세계 각지를 돌아다니면서 겪었던 이야기들을 풀어낸 여행기인 동시에 회고록이다. 각계각층의 경영인들과 함께 세계를 누벼 온 저자가 다양한 사람들과 함께 해외를 여행하며 위기와 갈등, 도전에 잘 대처하는 모습에서 우리는 '섬김의 리더십'이 무엇인지 느낄 수 있다.

라벤더, 빛의 선물

모니카 위네만, 마기 티설랜드 지음, 박하균 역 | 값 17,000원

이 책 『라벤더, 빛의 선물』은 이렇게 고대부터 현대에 이르기까지 유럽에서 '허브의 여왕'으로 사랑받아 왔고 최근에는 전 세계적으로 사랑받고 있는 허브식물 라벤더에 대한 지식과 활용법을 광범위하게 전달한다. 라벤더의 역사와 효능, 재배 방법, 오일 증류법, 에센스 활용법 등 이 책이 다루고 있는 라벤더에 대한 지식은 광범위하면서도 깊이가 있고, 이해하기 쉬우면서도 실용적이다.

땅 가진 거지 부자 만들기 II

박현선,전재천 | 값 25,000원

이 책 『땅 가진 거지 부자 만들기 II』는 이렇게 '땅 가진 거지'가 되지 않도록 부동산 투자에 꼭 필요한 지식을 설명해 주는 동시에 아무 쓸모없다고 생각하는 땅도 발상의 전환에 따라 '금싸라기 땅'이 될 수 있다는 것을 보여주는 책이다. 특히 이 책이 강조하는 건 토지 매입과 개발의 기본 방향, 주택시장의 변화와 흐름, 땅의 종류와 관련 법령에 따른 개발 여부, 개발 불가능으로 여겨진 '버려진 땅'을 철저히 분석하여 '금싸라기 땅'으로 만드는 방법 등의 실질적인 부동산 투자 관련 지식이다.

아파도 괜찮아

진정주 지음 | 값 15,000원

이 책 『아파도 괜찮아』는 한의학의 한 갈래이지만 우리에게는 낯선 '고방'의 '음양허실' 이론과 서양의학의 호르몬 이론, 심리학적인 스트레스 관리 등을 통해 기존의 의학 및 한의학으로 쉽게 치료하기 어려운 '일상적인 고통'을 치료하는 방법을 제시한다. 또한 이론을 앞세우기보다는 저자의 처방을 통해 실제로 오랫동안 고통 받았던 증상에서 치유된 사람들의 이야기를 먼저 전달하며 독자의 흥미를 돋운다.

해 뜨고 꽃 피는 서산

이완섭 지음 | 값 15,000원

이 책은 사회 변화에 따라 '지방의 위기'가 대두되는 분위기 속에서도 '해 지는 지역'으로 불리며 낙후된 시골의 이미지를 가졌던 충남 서산시를 '해 뜨는 지역'으로 바꾸며 역동적인 산업·문화도시로 만들어낸 충남 서산시 이완섭 시장의 약 7년간의 시정(市政)을 주제별로 나누어 읽기 쉽게 담아내고 있다. 창조적인 지역 브랜딩과 기본적인 지역 인프라 발전을 통해 발전하는 서산의 모습이 이 책의 핵심이라고 할 수 있다.

마음이 젊은 사람들 이야기

김인철 외 17인 지음 | 값 22,000원

이 책 『마음이 젊은 사람들 이야기』는 아직 즐거운 나날이 수없이 남은 중장년들이 앞날에 보내는 찬가다. 남은 나날을 행복하게 보내는 방법을 구하는 것으로 취미와 재정의 문제, 건강의 문제, 대내외의 활기찬 생활 등, 노년에 도움이 되는 슬기를 모아 엮었다. 누군가에겐 노년이 어느덧 닥친 문제이고 누군가에겐 행복한 여생이다. 자, 당신은 어떤 준비를 하고 있는가?

여행이 끝나도 삶은 계속된다

유재천 지음 | 값 15,000원

책 『여행이 끝나도 삶은 계속된다』는 45일간의 유럽 배낭여행을 떠난 저자의 동유럽 여행기다. 국내 1호 '의미공학자'로서 이번 동유럽 여행을 통해서도 삶의 진정한 의미를 찾고자 한 저자의 진솔한 여행 이야기가 담겨 있다. 명소만을 재빠르게 둘러보는 관광형의 여행을 과감히 탈피하고, 곳곳에 담긴 의미를 깊게 들여다보는 여행이 낭만적인 동유럽의 정취를 생생하게 느낄 수 있도록 해 준다.

헤드스트롱 퍼포먼스

마르셀 다나 지음, 이경숙·이주용 역 | 값 25,000원

이 책 『헤드스트롱 퍼포먼스』는 운동과학과 영양과학, 뇌 과학을 결합한 전략으로 '성과를 낼 수 있는 뇌'를 만들어내는 것이야말로 성공으로 가는 지름길이라고 이야기하고 있다. 또한 이러한 두뇌 강화 이론을 기반으로 하여 스트레스 대처법, 집중력 유지, 창의력 증진, 습관 변화 등의 세부적 실천사항과 그를 위한 자세한 전략을 각 장에서 면밀하게 제시한다.